◎国家社科基金冷门绝学研究专项“中国北部边疆民间商业文书的整理、释读与研究（1636—1956）”（批准号：21VJXG004）资助出版

货殖探索系列

清代民国时期山西商人路程书整理辑校

何慕　辑校

河北大学出版社
·保定·

清代民国时期山西商人路程书整理辑校

出 版 人：朱文富
责任编辑：王红梅
装帧设计：杨艳霞
责任校对：王亚薇
责任印制：常 凯

图书在版编目（CIP）数据

清代民国时期山西商人路程书整理辑校 / 何慕辑校
. -- 保定 ：河北大学出版社，2023.10
ISBN 978-7-5666-2232-7

Ⅰ．①清… Ⅱ．①何… Ⅲ．①商业史－研究－山西－清代②商业史－研究－山西－民国 Ⅳ．①F729

中国国家版本馆 CIP 数据核字（2023）第 194893 号

出版发行：河北大学出版社
地址：河北省保定市七一东路 2666 号　邮编：071000
电话：0312-5073019　0312-5073029
邮箱：hbdxcbs818@163.com　网址：www.hbdxcbs.com
经　　销：全国新华书店
印　　刷：涿州市般润文化传播有限公司
幅面尺寸：170 mm × 240 mm
印　　张：15
字　　数：210 千字
版　　次：2023 年 10 月第 1 版
印　　次：2023 年 10 月第 1 次印刷
书　　号：ISBN 978-7-5666-2232-7
定　　价：58.00 元

总　序

目前社会经济史研究丛书之类，多名之曰“中国社会经济史丛刊”“社会经济史丛书”“社会经济史系列”，或在其前冠之以某某大学、研究中心等，而河北大学中国社会经济史学科之论著却欲以“货殖探索系列”名之，其义何在呢？“货殖”一词，其渊源自不须多言，然其含义却稍有辨析之必要。就“货殖”古义言之，有“食货”“货殖”“平准”等。“食货”之含义较广，举凡国计民生、日用家常均属之；“货殖”则侧重于农工商业及私人家庭经营致富；“平准”则多与“均输”连用，指国家干预经济，增加财政收入，或国家举办商业、手工业，等等。当然，司马迁撰写《货殖列传》时还表现出了强烈的“通古今之变”的思想，应也属于“货殖”的应有之意。

本系列以“货殖”为名，就是从这一含义出发的。这或与河北大学中国社会经济史学科初创时之学术旨趣有关系。记得20世纪80年代初入河北大学宋史研究室（今宋史研究中心前身），其时，漆侠师正撰述《宋代经济史》，谈起选题问题，记得先生之意大概有两层：一是此前学术界对赋役制度、租佃制度、土地制度、地主农民经济研究较多，而对于手工业、矿业、商业、货币金融、禁榷制度研究还比较薄弱，故应从后者入手；二是中国社会经济史既要以断代为基础，但又不应局限于此，而应前后贯通。此一说奠定了河北大学中国社会经济史学科的学术理念和方法论基础。我个人的研究乃至整个河北大学中国社会经济史都是遵循这一理念前行的。而这一旨趣又是与三十多年来中国社会经济史界对市场经济、工商业、商人研究格外重视的新学术潮流暗相契合的，故敢以此名丛书焉。

本系列从研究对象上说重视农工商业、货币金融等部门经济、私人经济、商人高利贷者，但经济制度、国家财政、地主农民经济亦不轻视；从方法论上说，重视运用民间契约文书、碑刻、档案等新材料，重视贯通性的专题研究，重视区域社会经济史研究，重视历史学的考订方法，但正史、文集、方志、笔记小说等传世文献材料，断代的研究方法，经济学、社会学、金融学、会计学等分析方法，乃至计量研究方法亦不偏废；从体裁上说，当然重视学术专著，但资料集、高水平的中国社会经济史教材亦属之。

河北大学宋史研究中心、历史学院重视中国社会经济史学科，河北大学各级领导支持中国社会经济史学科，河北大学出版社对这一学科成果的出版也是给予了真心的配合。有鉴于此，河北大学中国社会经济史学科团队的诸位学人将竭尽心智，做好这一系列。

是为序。

刘秋根

2016 年 10 月 21 日于保定市七一路迎宾小区自宅

前　言

山西民间文书中的路程书是“规程”的一部分。“规程”是商人编写的经营章程，是为本商号定下的详细规章制度，是山西商人自己称呼某类文书的名字，一些山西民间文书的自定书名会有“规矩”“规例”字样。[①] 学界一般使用“商书”概念，最早提出“商业书”这一名称的是日本学者寺田隆信[②]，之后陈学文又把商书分为“商人书”和“商业书”，山西商人的规程相当于这种分类中的商业书。[③]

篇幅较大的规程或多或少都会记述路程，路程占主要篇幅的规程，可以称之为路程书。《道光元年杂货规程》写道：“想往苏杭去贸易，借门行商路程单。平川路径乘骡马，江湖河海坐舟船。”商人外出必备的物品就包括“路程单”。杨正泰称之为商编路程图记。[④] 陈学文把商书分为五类，其中两类是水陆行程书、集商业经营和水陆路程于一体的商书。[⑤] 张海英把商

---

① 如本书第22篇选自《道光元年杂货规程》，第23篇选自《咸丰十年瑞庵堂记各省办货路程规例》。

② （日）寺田隆信：《山西商人研究》，张正明等译，山西人民出版社1986年版，第281页。

③ 陈学文：《明清时期商业书与商人书之研究》，洪业文化事业有限公司1997年版，第3页。

④ 杨正泰：《略论明清时期商编路程图记》，《历史地理》第5辑，上海人民出版社1987年版，第273—277页。

⑤ 陈学文：《明清时期商业书与商人书之研究》，洪业文化事业有限公司1997年版，第11—12页。

书分为三类，其中水陆交通路线为主的叫作商编水陆行程书，简称路程书。①

山西商人作为一个商人群体历经数百年不衰，很大程度上得益于制定了详尽的行商规则和制作工艺制度，即制定了规程。路程书是规程的重要组成部分，按作者的重视程度和经验丰富程度，路程书在规程中所占篇幅不尽相同。路程书规定或者建议了走哪条路线、在何处歇宿、如何交税、货物如何装卸等，还对沿途古迹、历史名人、掌故、传说、物产、风景、风俗、特产进行了记录。下面简要介绍山西商人路程书的特点与价值。

一、路程书的特点

学界对明清商编路程书已经有很多整理和研究，早期公布的大部分是徽商写成的，山西商人和其他商帮写成的公布相对较晚。研究山西商人路程书的特点，首先要与其他商帮编写的路程书进行比较，下面从内容、作者、版本各方面论述山西商人路程书的特点。

（一）内容

1. 路程的起点和终点

山西商人写的路程书最明显的特点是以山西省内为起止点，这种类型占了路程书的半数以上。再做细分，可以把起点分为三个区域：晋中地区、晋南地区、忻州地区。这种行路指南是山西人外出经商时需要用到的，反映了山西人外出的几条重要道路：向南从茅津渡过黄河进入河南省，或向东南过长治盆地、太行山进入河南；向西从军渡过黄河进入陕西省，或向

① 张海英：《走向大众的“计然之术”——明清时期的商书研究》，中华书局 2019 年版，第 33 页。

西南顺着汾河谷地从大庆关过黄河进入陕西，或从风陵渡过黄河到陕西潼关；向东过娘子关进入直隶。这些道路同时也是山西人返乡的路，相当数量的资金沿着这些路回到山西。山西明清碑刻的捐款名单中有大量在外省的商号名，商号所捐的银钱就是顺着回乡的路投入到庙宇等工程。缺少了商品流通不能叫作商路，缺少了商人的参与也不能叫商路，商人们走出山西、前往办货地点的路，应包含在广义的商路中。

路程书的终点，就是商人的行商区域。“清代山西商人的行商足迹遍及京津、鲁、豫、两湖、江淮、东北、西南、西北地区，并拓展了蒙古市场及俄罗斯贸易区。”① 这些区域在路程书中都有反映。

2. 指点迷津

与徽商路程相比，山西商人的路程书不是参照地图编写的，路程书也没有附图，基本都不记方向。今天阅读这些路程书，要手持地图才能看懂。这个缺点不是路程书独有，文人游记也有。也许在行人看来，没有太多选择，眼前只有一条路能走下去，路网交织是现代的事情，古代没有太多岔路口困惑旅行者。或者是轿夫、车夫掌握方向，无须乘客记住方向。今天阅读这些路程书的障碍，在古人那里基本不存在。直到民国十六年(1927)，山西教育厅编写的《初级小学补习科用商业课本》中才出现了路程图②，但课本和规程的性质不同，目前所见的山西商人路程书都没有地图。

(二) 作者和版本

1. 归户

对于民间文书的整理，“归户”得到了大多数学者的认同，《徽州文书》《清水江文书》便采用这种方法整理出版。山西商人的路程书有一些可以归户到家族、家庭，如《宣统三年东雍涌泉柳恩波记志绛州苏村至兰州、西

---

① 乔南：《清代山西商人行商地域范围研究》，《晋阳学刊》2008年第2期。

② 刘建民主编：《晋商史料集成》，商务印书馆2018年版，第86册第571—770页。

宁路程本》《清代贾来顺记平阳府太平县至荆州府路程》《清代祁县武维贤西坝至祁县路程》《太平县至山陕甘三省上路花折》《清代介休至樊城、荆州路程》。如果从广义上理解归户，可以根据路程的起始地点归户到地区的，如《清代重庆府至京都路程》应当是平遥人撰写，《山西介休至湖北京山县路程》应当是介休人撰写，《光绪三十二年西域边国朝之禁地路程本》《清代忻州至归化城路程》应当是忻州人撰写；可以根据运输的货物归户到行业的，如《广东至浙江路程》《民国十三年京绥京汉铁路票价货运价目本》《一应铁路章程》都是杂货商人撰写。还有一些完全不能归户，如《清代杏坛志川途路程折》。

2. 内容传承

山西商人的规程内容庞杂，没有明确的编写体例，版本源流很难厘清。作为规程的一部分，路程书往往既有原创也有抄录和改编。同行业的规程存在互相摘抄现象，茶业规程经常有相似甚至相同的段落。在同一路线上运输的商人，也会互相抄录部分内容。如《道光元年杂货规程》中的《洋口往吴城镇路程》，只到河口镇，没有河口至终点吴城镇的路程，从正文最后一句看明显没抄完。路程书的底本是吴城镇为终点，抄写者只从事河口与杭州之间的贩运，不必抄完。山西商人的路程书大部分未曾精校，恰好展示了编写和传承过程。

又如《光绪三十二年西域边国朝之禁地路程本》，明确地写了从其他商人（很有可能是同乡）处得到路程一本，“今丙午冬月迪化贸易，觅得路程一卷，名曰《西域边国朝之禁地》”。至于哪些部分来自底本，哪些部分是抄写者撰写，需要结合抄成时间来考证。《晋商史料集成》的整理者用了“光绪三十二年”作标题，是依据文书中的“丙午”年推算出来。道光二十六年（1846）、光绪三十二年（1906）均是丙午年，要排除前一个年份，先要解释路程书中很多道光时期的细节。王茂华比较了嘉庆年间的《伊犁日记》、道光年间的《荷戈纪程》、咸丰年间的《莎车行记》《西行纪程》、同治年间的《行程日记》《万里行程记》、光绪年间的《辛卯侍行记》，认为“路程本撰写时间距道光二十二年和同治四年均不会太远”“形成时间必在光绪十七年之前”“较大可能产生于晋商经营新疆茶叶贸易的兴盛期，即道光年间至 1864 年新疆乱起之前”①。她认为抄写时间接近道光丙午年，不会是光绪丙午年，又不完全肯定是道光年间抄成。阿古柏之乱时，新疆与内地贸易基本停滞。左宗棠收复新疆之后，内地商人才重进新疆开展贸易活动。这就把晚清新疆贸易分为两个时段：咸丰末年以前和光绪中期以后。如果丙午年是 1846 年，路程书不应有光绪年间的痕迹；如果丙午年是 1906 年，可以包含道光咸丰、光绪两个时期的信息。接下来要取决于能否找到 1846 年之后的痕迹。路程书开篇列了几种外国织物的子口税、卡口税，只有城市开埠洋货进口才有子口税。路程书涉及的城市成为通商口岸时间为：伊犁 1852 年，喀什噶尔 1861 年，嘉峪关、吐鲁番、哈密、乌鲁木齐、古城均为 1881 年。② 路程书抄成时间不会早于 1852 年。根据作者自述“迪化贸易”，这些羽织物很可能是在迪化进口，抄成时间就要晚于 1881 年。由此，“丙午”年应为 1906 年，即光绪三十二年。同时值得注意的是，路程书有很多早于同治年间的细节，这是底本《西域边国朝之禁地》的内容。底本的作者应是道光、咸丰时期的官茶司引商，光绪年间布商在迪化发现了这个抄本，未删除早期内容，补记了洋货的子口、卡口税，也许还增添了其他内容，最终在光绪丙午年抄成。

山西民间路程书明显反映了山西商人的需求，绝大部分作者是山西人。但有一些特殊的例子，能看到山西商人向其他商帮借鉴的痕迹。如《咸丰十年瑞庵堂记各省办货路程规例》中的《湘潭至仪征路程》，错字率远超路程书其余部分和其他路程书。错字大都是音近而讹，应当是一人口述、一人抄录造成。路程书中还有《湘潭至镇江路程》，文字正确率高一些，仍与前后路段衔接不上。这两首都不是山西商人中版本成熟、流传已久的路程歌，却与徽商《湘潭县由水路至镇江府长江路程歌诀》有相似文句，关于仪征的几句山西商人写作：“仪征河下湾盐船，天宁把住仪征口，制盐所内

---

① 王茂华：《〈西域边国朝之禁地由从〉整理与分析》，《丝绸之路研究集刊》第 4 辑，商务印书馆 2019 年版，第 20—32 页。

② 孙玉琴编著：《中国对外贸易史（中卷）》，中国商务出版社 2014 年版，第 4—6 页。

闹喧喧。”徽商写作：“仪征河下看盐船，天宁把住仪征口，掣盐所里闹喧喧。”从山西商人路程歌对盐业的关注看，应是镇江、仪征一带的盐商编成，再结合徽商有《镇江盐船上楚水路歌》，可以认为山西的这两首路程歌就是抄自徽商，是商帮之间交流的产物。① 这也为今天的读者提供了一个还未加工的版本，加工之后应是从两段湘潭路程中截取汉口至镇江段，再插入整个河南赊店至江西洋口的路程歌中。路程书作为经商经验的总结，肯定是有最初的底本，经过商人们不断添加内容，才成了今天的面貌。

3. 抄成时间

有些路程书记有明确时间，影印本的整理者就在标题中加入了年代，如《宣统三年东雍涌泉柳恩波记志绛州苏村至兰州、西宁路程本》。大部分路程书都没有撰写时间，只能根据文书中的细节来推断年代，用“清代”“民国”这样长的时间段来断代。

还有一些封皮与内容不是同一年份的，就需要仔细考证了。如《广东至浙江路程》，文书封皮上写明时间是光绪十二年（1886），但路程书并没有提到厘金，且文字残损之处有厘金文字的可能性非常小。因为路程书前后呼应之处颇多，要略中提到的交税细则，在正文相应地名下也有分别叙述。如果路程书抄写于沿途收取厘金之后，不可能只有少数几处文字提及交厘金，并且这几处文字全部破损。所以路程书的创作时间要早于光绪年间。路程书后附的《从广出粤海关挂号各物要规》是在广州税馆交税的规则，列出的商品都是洋货，每一种商品都可在路程书的《韶关报税各物要规》中找到。这就是说，从广州进口的洋货在内地通行至少交了两次常关税，这是1858年《天津条约》签订之前的情形。路程书初创时间在咸丰八年（1858）之前，光绪十二年重新抄写，或是加上封皮，成今天所见抄本。这种情况并不罕见，《咸丰十年瑞庵堂记各省办货路程规例》就有正文“大清道光拾贰年”和封皮上“咸丰庚申年”两个年份。这是由山西商人的规

① 徽商的两首路程歌参见王振忠《清代徽商与长江中下游的城镇与贸易》，《安徽大学学报（哲学社会科学版）》2019年第1期。

程全是抄本，抄本方便改易造成的。

记载相同路线的不同路程书，有些也能看出时间先后。《光绪三十二年西域边国朝之禁地路程本》的底本是道光、咸丰时期写成，记载了同一路线的《俄语读本（三）》所附路程撰写时间就要稍晚。后者的贸易对象变成了俄国人，不再是说维吾尔语的商人，大致是在哈密、嘉峪关成为通商口岸，即 1881 年之后抄写成。

总体上来说，现存的山西商人路程书都抄成较晚。除了《嘉庆四年朝仪撰绸缎梭布行必需》《道光元年杂货规程》《清中期洋楼洞、洋楼司买茶规程》《咸丰十年瑞庵堂记各省办货路程规例》《同治十年余庆堂各处办布底稿》是光绪之前的规程，路程部分也稍早，其他路程书基本都是光绪、宣统时期至民国年间撰写或者最后抄成。现存徽州商编路程最早编写于明后期，在时段上比山西商人路程书要早很多。

4. 刊刻和装帧

所有山西民间路程书都是抄本，没有印本。张海英认为“涉及本行业秘密、专业性较强的商书，始终都是以抄本的形式流传”①。彭凯翔认为“更多的一手信息则并不进入公开发行物，而是保留在账簿、信件、札记等商人内部流传的文书中……这种宝贵信息即使出版，获得者也视同秘笈，加大了再次传播的难度”②。正是以上原因，山西商人的绝大部分文书都是抄本，只有极少量课本性质的文书曾刊印出版，如《清代北京老二酉堂印山西杂字》。徽商则有很多路程书刊刻出版，一些发行量还很大。山西商人的路程书全都是抄本形式，一部分原因是商业机密不愿外传，还有一部分原因是路程书只涉及一条至多几条路线，读者面窄，刊印出版也会销量不佳。

路程书的大小不一，基本都是商人用纸装订成册。有几个很小的路程本，只有火柴盒大小，装帧也比较特殊，为经折装。有人称这种路程书为

---

① 张海英：《从明清商书看商业知识的传授》，《浙江学刊》2007 年第 2 期。

② 彭凯翔：《从交易到市场——传统中国民间经济脉络试探》，浙江大学出版社 2015 年版，第 51 页。

“袖珍文字旅行册”①，这显然是为了携带方便，路上可以随时翻看。

二、路程书价值

对于新发现的民间文献，学者们通常有两种研究方法，一是用民间文献来解释传统的官方文献，用民间文献来补充史料；二是用官方文献来解释民间文献，把官方文献纳入民间文献的解释范围内。具体到新发现的路程书，要么是用商编路程来研究明清商路和市场网络，要么用方志、档案等资料来研究商编路程的史料价值。近几十年随着民间商书的不断发现，依据商书中路程书进行研究的，以徽商的商路研究成果最多。山西商人的贸易路线缺少以民间文书为基础的探讨，只有少量的文本解读②，《晋商史料集成》中收录的二十多种路程书是近年来最大规模的整理和公布，下面从经济史、文献学、交通史角度分别叙述这些路程书的价值。

（一）经济史价值

明中叶以后随着商品经济的发展、全国统一市场的形成，在跨区域的长途贩运前提下产生了以徽商、晋商为代表的专业商人，逐渐形成专门的商品运销路线，商路与商品运输条件的好坏直接影响到地区商品生产与商业市场的兴衰。由于商路与驿路等官道不尽相同，更由于商路对于市场发展具有极其重要的作用，多个学科如交通史、经济史、商业地理都有论著涉及商路，但侧重点各自不同，交通史重点考察驿路等官道，经济史侧重考察商路与市场网络的关系。无论是哪种研究，都应以路线的具体考证为基础，因为史料大多来源于正史、政书、方志和全国总志，缺乏对具体交

① 王廷文：《袖珍文字旅行册》，《中国商报》2004年2月5日。

② 史若民、牛白琳编著：《平、祁、太经济社会史料与研究》，山西古籍出版社2002年版。张亚兰：《〈行商遗要〉释读与研究》，山西经济出版社2018年版。

通道路方位和走向的记述，导致学界关注比较少。学术视野也有局限，研究商路的学者往往只能研究某一地区或是某种商品的运输路线，研究山西商人的论著很少提及长途贩运路线。有些研究虽能够考证具体路线，但容易落入地方史的局限。地方史研究一般将空间作为孤立实体，不重视不同空间的互动关系，而长途贩运往往是跨省区的，如果运用地方史的空间观念，会缺乏全局观与整合性。

根据商人经营贸易的需要，明清时期有关各地商路的记述不断见诸史籍以及地方志。刘秀生著有《清代国内商业交通考略》，论述了十余条全国性的主要商业交通线，这是利用方志对清代商品流通网做的全景式研究。① 近几十年随着民间商书相关内容不断增多，出现了很多商书中路程书的研究，最早是针对徽州文书的，也以徽商的商路研究成果最多，反观山西商人贸易路线，则缺少以民间文书为基础的探讨。山西商人留下的发票、运单、路程书均与商路密切相关，需要整理、释读和综合研究。

1. 商路

商路是指商人进行远距离贩运贸易经过的路线。山西商人的路程书直接记录了多条商路。《广东至浙江路程》中有“韶关报税各物要规”“从广出粤海关挂号各物要规”。《一应铁路章程》记录有很多种货物的“火车上捐”，包含有“糖果杂货”“绸缎丝绒类”“铜铁锡估钢类”“衣帽靴鞋类”“颜料纸类”“洋布羽绸类”等货物的火车厘金。这两种都与山西商人的杂货贸易有关。《民国十三年京绥京汉铁路票价货运价目本》中有“京绥路运货四等专价每十吨正票底”“京奉路买粮规则”。这就与山西商人的粮食贸易有关。《清代太谷锦泰蔚布庄办布规程》是太谷县布商去四川办货的规程，记录了夏布从四川运出的路线。《咸丰十年瑞庵堂记各省办货路程规例》是杂货商的办货规程，记录的是长江流域的商路。

最有价值的是《光绪三十二年西域边国朝之禁地路程本》，记录了忻州

---

① 刘秀生：《清代国内商业交通考略》，《清代商品经济与商业资本》，中国商业出版社 1993 年版，第 163—226 页。

商人贩茶至新疆的路线。传统史料中的茶叶输入新疆的路线，以清末《新疆图志》记载最有代表性：“其运茶赴新疆者，一由甘肃出嘉峪关，一由山西归化城取道蒙古草地，皆至新疆古城，而后转行运销南北两路。南路天暖，喜食细茶；北路地寒，喜食粗茶。”① 第一条路的前半程是湖南至泾阳再至嘉峪关。② 山西忻州位于第二条路上，南方发往忻州的茶会继续北上至归化、蒙古。据同治六年（1867）绥远城将军奏折：“此项千两珠兰茶，专有茶商由建德贩至河南十家店，由十家店发至山西祁县、忻州，由忻州而至归化，转贩与向走西疆之商，运至乌鲁木齐、塔尔巴哈台等处售卖。”③ 这是说千两茶、珠兰茶走忻州—归化—蒙古—乌鲁木齐的路线，即《新疆图志》的第二条茶路。千两茶、珠兰茶见于路程书后附的茶叶译名，可见作者就是奏折中提到的商人，但未像绥远将军所述，商人们走了一条南北混合的路线，可以叫作中路，即忻州—嘉峪关—哈密—喀什噶尔和哈密—迪化—伊犁。这就揭示了一条未见于记载的商路。山西商人尤其是忻州人以走北路为常，如《清代忻州至归化城路程》；走南路的一般是晋南商人，如《宣统三年东雍涌泉柳恩波记志绛州苏村至兰州、西宁路程本》《太平县至山陕甘三省上路花折》。忻州商人走中路的很少见。中路、南路都从嘉峪关入新疆，光绪时重启内地和新疆贸易后，嘉峪关一线的商路又恢复了，《俄语读本（三）》中的路程就写于此时。两种走嘉峪关的路程书可以相互印证，记录了中路、南路商人的贸易。

影响商路的因素有多种，首先是自然地理条件。《光绪三十二年西域边国朝之禁地路程本》记录了从瞭墩（今哈密西北）前往吐鲁番的三条路，分为西南路、西北路、正北路。西南路为清代前中期通往吐鲁番的驿路，因常有大风，清后期驿路改走西北路。西北路除了转南与西南路汇合之外，

---

① ［清］袁大化修，王树枏等纂：《新疆图志》卷 33《食货二・茶法》，新疆人民出版社 2015 年版，第 1231 页。

② 蔡家艺：《清代新疆茶务发展述略》，《明清论丛》第 7 辑，紫禁城出版社 2006 年版，第 324—334 页。

③ 中华书局编辑部、李书源整理：《筹办夷务始末（同治朝）》，中华书局 2008 年版，第 2289 页。

还有一条穿过天山最后到达迪化（今乌鲁木齐）的岔路。这条岔路虽短，但大雪封山后不能行走，骆驼又是秋冬两季最强壮，驼运很难有合适的时间走这条路，作者并不熟悉岔路，记录不完整。去南疆的商人喜欢走西北路，即使有三站无法歇宿，靠多带水和食物也要绕远走西北路，因为西南路的强风无法躲避，北路比南路安全。这都是自然条件影响商路选择。

其次是战乱的影响。《清代锦泰蔚布庄办布规程》中的《赴四川绕路大略》一共叙述7条去四川的路，按方位自东向西是南阳—汉江—洋巴道、商州道—洋巴道、子午道—洋巴道、褒斜道—金牛道、连云栈道—金牛道、嘉陵江水路—金牛道、陈仓道—龙绵道。作者一直讲此路不通时走彼路，彼路再不通走何路，所以列出7条路供使用者选择。其中一条路“沿路亦有寨所，倘有慌乱之风，可以避躲”。“慌乱之风”大概与捻军起义和陕甘回民起义有关。入川还只是“空人行者”，无论怎么改易路线都算方便，出川时要装载货物，选择路线就要慎重考虑了。作者嘱咐“夏布贪到手时，倘有慌乱风声……勿拘何路好走，何路平静即走何路也。或走在半路不宁，寻一躲藏之处”。本书收录的20多篇路程书，只有这篇给出了多条选择路线，比较有特点，这是时局不宁影响到商路。

2. 对外贸易

《晋商史料集成》中收录了12种语言读本，均为俄汉和蒙汉的对译，反映了山西商人与俄国人、蒙古人交易的情况。《光绪三十二年西域边国朝之禁地路程本》附有一种维吾尔语读本，篇幅虽小，却与上述12种读本语种不同，有很独特的价值，反映了山西商人与维吾尔人交易的情况。路程书的结尾记录了在伊犁贸易的外商，这些商人主要来自中亚城市，有些城市（或是民族）译名与正史、文集的译名均不相同，有些译名颇难解读，只能付之阙如。这恰恰说明了这份外商名单来自中国商人的经验，不是抄自官方典籍，是商人自己写的中亚、南亚、俄国商人来到伊犁贸易的情况，是一份珍贵的史料。

还有一个例子是《俄语读本（三）》的页眉上抄写的路程，是中俄两国商人在新疆贸易的物证，并且丰富了语言接触地点。语言读本普遍没有地点信息，只能通过中俄贸易史大致推测语言接触发生在哪里。有的俄语读本写有“在科布多自抄”，这是在蒙古地区，也与《俄语读本（三）》不同。将来把几种俄语读本对比研究，或许能看到不同的语言接触地点对翻译的影响。

（二）文献学价值

寺田隆信曾在《山西商人研究》一书中开辟专章“从商业书看商人和商业”，这一章的方法是“在没有直接的有关山西商人的记述”的情况下，利用未知籍贯的商人或是徽商的商业书，探析明清的商业和商人形象。① 这种用徽商来类比晋商的方法，实属缺乏资料之举。随着《晋商史料集成》的出版，大批山西商人的规程得到公布。利用其中的路程书，来研究山西商人的交通路线，史料和结论得以匹配，论证上不再有缺陷，给商书、商业教育研究提供了大量资料。

1. 商书研究

前文曾提到陈学文、张海英、王振忠等人对商书的研究，这些学者研究的对象基本都是徽商创作的商书，学界曾经用徽商商书来代表整个明清商书。现在大量山西商人的规程公布于学界，此后对商书的研究必然绕不开山西商人的规程，并且可把徽商和山西商人的同类型商书做比较研究，总结出各自的特点。

从时间上来看，上述学者的研究主要针对明清时期，很少涉及民国时期商书。山西商人的规程有一部分明确是民国时期的，这必然丰富商书研究的时段。路程书中有三种是民国时期的，突破了原有的认识。杨正泰认为“清末，火车、轮船被广泛使用，交通工具和通讯方式的革新使水陆路线发生重大变化，这就动摇了商编路程图记赖以存在的物质基础。‘裁驿归

① （日）寺田隆信：《山西商人研究》，张正明等译，山西人民出版社 1986 年版，第 281—302 页。

邮’后，商编路程图记才被近代交通指南所取代”[1]。山西商人在民国时仍用路程书的形式记下火车站名、里数、票价、运价，文献学价值虽稍低于清代路程书，但还是能看出商人不同于一般旅客的特殊需求，值得专门研究。

2. 商业教育

山西商人的规程含有很浓的商业教育意味，可以称之为商业教科书。《清代太谷锦泰蔚办布规程》中掌柜对伙计学徒的教育，写成“一嘱……一嘱……”格式。《清中期洋楼洞、洋楼司买茶规程》中的“程规”“栈规”是行路、投店栈教育的内容。目前清代民国商业教育研究主要集中在道德教育、伦理教育、近代商业学校教育等方面，以规程为史料的相关研究几乎没有，山西商人规程的大批公布给商业教育研究带来了丰富的资料。规程中的路程是教育内容的一部分，从教育学角度探讨路程书是一种全新的学术研究。

（三）交通史价值

山西商人的很多路程书没有货运的细节。《清代重庆府至京都路程》记录近 500 个地点，提到交税只有两处：一是大庆关，二是卢沟桥。路程前后杂抄了《数九歌》《亲爱赋》《夫妻论》，完全没提到何种商品在何处如何交税。在蜀道最艰险处，作者已经开始欣赏风景。这本应当是商号的伙友上下班用的路程书。总号派往分号的伙友，班期到了可以下班回山西老家。回家乡或去字号的路上，即使捎带同号伙友的物品，坐车、船即可解决，比运货轻省很多。路程书只写了吃、住、行的须知，比运货的事项少很多，记录的是商人步行、车行的路线。这种类型路程书的最大价值是给交通史补充了资料。

---

① 杨正泰：《略论明清时期商编路程图记》，《历史地理》第 5 辑，上海人民出版社 1987 年版，第 273—277 页。

1. 对驿路官道的描述

仍以《清代重庆府至京都路程》为例，地名分布在四川、陕西、山西、直隶四省。大致可分为三段：重庆府至陕西三原县，三原县至山西平遥县，平遥县至京师，这是平遥人前往三原、重庆、京师的三段路程之和。路程书密集地记录了沿途地名，最短的里数只有三里，有很强的实用性，使用起来不用问路。作者还特别关注县界，是作者沿着官道前行的证明。官道穿过县界、府州界、省界时会有界碑，一些博物馆展出的古代界碑实物，就是昔日官道上的标记。与之形成对比的是，走小道看不到界碑，会对县界没有概念。路程书对官道的描述补充了传统史料的记载。很多地名下注明了此处有无旅店、能否住宿和打尖、集市日期、地方特产等。对路况的描述就更是详细，有平路、车路、沙路、坡路（上坡、下坡）、坎路、坡坎路、偏桥路、石路、河坝路近十种，还经常描述路是否好走和如何过河，如“路低逢雨更难行”“冬桥夏渡”。这些细节在文人的游记、日记中只是偶尔提及，民间路程书中有非常详细的记录。

山西商人编写的路程主要以陆路为主，走水路的比较少。《清代重庆至京都路程》中出现了赶船，如“高石坎”下注“从此乃水小可坐船”，这种路段只占全程的很小比例，大部分路段还是走陆路。《道光元年杂货规程》和《咸丰十年瑞庵堂记各省办货路程规例》这两个规程中出现了较长距离的水路，可惜不够详细具体。只有《广东至浙江路程》全程绝大部分都在走水路，在众多山西路程书中别具一格。作者很详细地记录了水路地名、里程和注意事项，很多河滩是村以下的小地名，一些险滩今已不存。路程书反映的赣江—大庾岭商路是徽商运输茶叶和瓷器等商品的重要路线，王振忠曾经重点介绍过两本徽商路程——《万里云程》《水陆平安》，均以赣江水路为主①，可以与《广东至浙江路程》对照阅读。

① 王振忠：《清代徽州与广东的商路与商业——歙县茶商抄本〈万里云程〉研究》，《历史地理》第 17 辑，上海人民出版社 2001 年版，第 297—315 页。王振忠：《瓷商之路——跋徽州商编路程〈水陆平安〉抄本》，《历史地理》第 25 辑，上海人民出版社 2011 年版，第 324—340 页。

2. 不同路线的选择

影响商人路线选择的首先是出行目的，商人有时会选择与官员文人不同的路线。在经过山西、陕西二省的省城时，文人游记的路线多是从风陵渡过黄河，入潼关，进西安城；一般都要进太原城，赏玩几日再南下。《清代重庆府至京都路程》记载的民间路线两次不入省城，在西安无商务就不进西安城，走一条平行于渭河的路线；在太原没有商号，不必绕远进太原城，从城东南抄近路直接向东北行进。

其次，不同交通工具会影响到具体路线。车对道路状况的要求比较高，《清代重庆府至京都路程》中经常提到的“车路”“大车路”，就是指能走车的路。在“郭家沟”（今灵石县城南）下注“此处换轴”，在“什贴镇”（今晋中市东北）下注“换轴”，是指换车轴才能适应车辙的宽度，以便继续行驶。《宣统三年东雍涌泉柳恩波记志绛州苏村至兰州、西宁路程本》是从家乡出发去兰州、西宁商号的路程，途中不需装车运货。作者在大车路以外，记录了几条小路，供抄近道时选择。文人出行选择哪种交通工具由经济状况决定，商人的出行花费则算作商业成本的一部分。在一些账册中可以看到，商号伙计下班回老家时的脚费要算作商号的支出。在一些信稿中也可以看到，伙计们花销路费过多会受到掌柜的申饬。但是也有的掌柜嘱咐伙计不要因省钱误了事，如《清代锦泰蔚布庄办布规程》中写道：“一嘱，我号临行上路穿戴，总以褴褛为是，不可奢华。沿路小费多花，勿要打算，勿因小节而累大事。”在十余种捎钱物单中，可以看到伙计们回老家时需要捎很多物品，这些物品肯定会影响伙计对交通工具的选择。《清代祁县武维贤西坝至祁县路程》记录了两种交通工具，从西坝启程先坐二人座轿车，在河南清化镇卸下行李后改坐二人小轿回到祁县。有很多行李时要坐车，不带行李时可坐轿，行李的多少可以影响交通工具，并影响路线的选择。

再次，不同商号有不同习惯。路程书经常把全部行程分为若干“站”，“站”就是歇宿之处，行路应当尽量避免破站。《清代重庆府至京都路程》记有一首歌诀：“醴渠岐宝黄凤南，溜马褒沔大宁教，朝广昭剑梓绵罗，德阳汉州到西川。”记录了陕西三原到四川成都的地名，与一首陕西商人入川的路程歌诀很相似："醴菊岐宝黄凤南，留马褒沔大宁转。朝广昭剑剑武梓，沉皂孟汉到成都，新邛百雅三十栈。"① 说明两段旅程所走的路线、选择住宿的地点大致差不多。在经过的无数村庄中，要把以上地点抽出来，是因为这些地点食宿比较方便。有一份晋中商人去四川的日记——《宣统二年九月赴成都行程日记》，也是三原至成都的路程，每日住宿的地点与上两首歌诀不太相同。②《清代太谷锦泰蔚办布规程》记录了三原县至成都府的二十八站，比上面两首歌诀多二至四站，就是路上多花了二至四天。商人们会根据本商号的习惯选择住宿地点，有多种选择时，不一定非要住在县城里。据研究，20 世纪 30 年代以前，川陕交通状况"第一，明清以来的连云栈道，仍然是川陕交通的官驿大道。第二，古道交通仍以步行为主，人力滑竿和骡马是辅助的交通保障。第三，由西安到成都大约需 20 天，其中西安到宝鸡约 3 天，宝鸡到汉中约 8 天，汉中到成都约 9 天时间"③。路程书的记载符合上述结论，并且给交通史研究提供了丰富的史料。

三、对学术研究的意义

明代开始，越来越壮大的商人阶层需要有专供他们使用的路程书，文人游记、民间日用类书满足不了商人的全部需求，尤其是长途贩运的注意事项很多，商人开始自己编写路程书。一些路程书存留至今，成为研究商人和商路非常好的史料。近几十年依据民间路程书探析商路相关问题的，以研究徽商的成果最多。《晋商史料集成》公布了大批山西民间路程书后，填补了史料的空白，从此可以用山西商人著作讨论山西商人。这些路程书

① 宗鸣安：《秦商入川记》，陕西人民出版社 2015 年版，第 113 页。

② 史若民、牛白琳编著：《平、祁、太经济社会史料与研究》，山西古籍出版社 2002 年版，第 640—641 页。

③ 梁中效：《川陕公路开通前的蜀道交通述论》，《成都大学学报》2019 年第 3 期。

有经济史、文献学、交通史诸多方面价值，与徽商的对比研究也成为可能，可发现山西商人的诸多特色。本书对这些路程书做了整理和初步研究，有一些路程书没有收录杂记部分，有一些规程仅仅整理了路程部分，这是割裂了原著的完整性，但是限于整理者的个人能力，只能解读与行路相关的内容。未尽之处，还需学界共同努力。

凡　　例

一、每一本路程均依照《晋商史料集成》中的命名，与文书封皮的题名可能稍有差异。有一些路程是从文书中节选出来，没有标题，整理者拟补了标题。路程书前后的杂记未录入，用【略】表示。

二、文书中使用的繁体字、异体字，均按照现行语言文字规范（简化字）直接转换，特殊情况在注释中说明。

三、凡数字炭码（或称“苏州码子”），均转换为文字“零、一、二、三”，并加上“千、百、十”这些位数。

四、文书中不能辨识的字，一字用一个“□”表示。缺字字数不能确定时，用“……”表示。整理者拟补的字，用“字”来表示，拟补但不能确定的字，用“字（?）”表示。

五、录文保留了文书中的涂改修补，用“〈〉”表示涂掉的字，正字放在“〈〉”后；用“〔〕”表示原作者补上的字。

六、讹字照录，讹字放在“（）”前，正字放在“（）”中。同一个词，文书前后部分或不同文书书写不一致，错的字视为错字；作者文化水平低写成的错字，酌情而论，在注释中纠正；方言造成的错字，不视为错字。县级及以上地名写错，视为错字；县以下的地名和少数民族语言音译的地名，用字不规范比较普遍，一般不视为错别字。

七、衍文照录，衍字用“［］”表示。文意不连贯和缺字处，整理者补了一些字，用“【】”表示，以区别于原作者的补字。

八、文书分列书写时，录文改为分行录写，其他不分列文书均按照现行排版格式录入。

九、文书有原作者夹注的，用小一些字号录入，以区别于正文。

十、某些文书的空白部分，有铅笔或者圆珠笔字迹，内容为记事或练字，明显是原作者后人书写，时间应是20世纪后半期。影印出版后，这些字迹呈黑色，与正文不易区分。对照文书彩色照片，确认是铅笔、圆珠笔字迹的，或者是练字的，均未录入。

十一、由于时代的原因，文书中不可避免地夹杂有对少数民族不尊重的词汇，如“缠头”“达子”，整理者保留了这些历史称谓，请读者留意鉴别。

目　　录

一、广东至浙江路程[①]

粤东省至浙江路程要略

凡自粤省起行，由佛山镇至浙江，先在省[②]开明货物应税者，或在粤海关，或在广州府税馆挂号[③]讫，即收税单[④]，往佛山携红单[⑤]。或粤海关，或广府，稍号钱[⑥]壹百文，查舱银壹两贰、叁不等，讲至不减甚为度，然后乃给查验放红单。此单收好，到子口[⑦]有船，此收红单[⑧]，如无红单即系私[货]私逃，慎之慎之[⑨]！将到

---

① 选自《晋商史料集成》第70册第545—600页《光绪十二年六月忠恕堂立〈广东至浙江路程要略〉》。本篇内容形成较早，大约道光年间撰写，加封皮时间较晚，在光绪十二年（1886）。具体分析见本书前言“路程书价值”部分。

② 省，本篇经常把广东、广州简称为“省”，称南昌则为“江西省城”，称杭州为“杭”，这种称法受到广东商人的影响。

③ 挂号，报关登记。

④ 税单，也叫报单，商人“开明货物应税者”用以申报挂号。

⑤ 红单，税关发放的完税证明。见陈国栋《红单与红单船——英国剑桥大学所藏粤海关出口关票》（《海洋史研究》第5辑，社会科学文献出版社2013年版，第196—215页）。

⑥ 稍号钱，应为销号钱，也经常写作“消号”，此处是挂号时交销号钱才放行。下文有“回广货……至广州税馆消号”，指在韶关挂号的货物至广州消（销）号，才交销号钱，程序与广货北上不同。

⑦ 子口，海关所在口岸为母口，海关下辖的内地口岸就称作子口。子口按照职能分为“正税口”“挂号口”与“稽查口”。

⑧ 据作者小注，收红单的地点在紫（梓）洞，紫（梓）洞是有稽查功能的子口。

⑨ 从第一句至此，讲在路程起点广州附近如何交税。

韶州关，明仓口单[①]两纸，壹张仓口……某仓某货若干，共计某某……候过关时对仓口数也。报税银店过关时，他在此照应，过关后即带银上银铺兑[②]完，然后回大船开驳，其驳船[③]要好船新缆乃可，言明同开同泊[④]。或大船包到南雄府，或自己在韶州写驳[⑤]。但顺水[⑥]货回□□口件数，俱是壹样过关，有红单给回省，至广府税馆查验验收回，红单不可交他，如无红单即系私货，逃瞒税重，税责罚□紧，收好，慎之慎之[⑦]！上水至始兴江口，水浅又要开江驳，总□□船嘱他同开同泊。船至南雄上行[⑧]，此处上下货俱系大船主之事[⑨]，查收明白货物行李，交大船主酒钱六七百文，水手每名约贰拾文，驳船酒钱贰拾文[⑩]。叫主人家发夫过山[⑪]，进城夫一日到，出城夫二日不等，管行酒钱六七百文，小厮茶钱六七拾文。过山收货，嘱其查验，小心货物，尤恐夫子偷窃，至紧。过山包稍[⑫]钱四拾八文，二人椅轿单包稍，轿则（子）双包

---

① 仓口单，即舱口单，填写着货物名称、件数的单子。

② 兑，商人把不同成色的银子（按折算后的数目）交给银铺，银铺代交税银。

③ 驳船，这本路程反复提到的驳船，与现代驳船不同。现代驳船用于装载货物，无动力，需有动力的船在前拖带。本篇的驳船是驳运货物的船，比大船吃水浅。下文写道，用驳船的原因是水浅，所以与逆水、顺水无关，无论顺、逆水都用到了驳船。

④ 这句是说在韶州租大船时已经订好驳船，到始兴江口方才启用驳船，两船一路同开同泊，以防中途换了驳船。

⑤ 写，租赁、确定某种出租或雇佣关系。本书收录的多篇路程都有“写船”一词，“三言二拍”等明代小说中已有“写船”。“将到韶州关”至此句，讲的是韶州交税、租驳船须知。

⑥ 顺水，指从浙江贩运货物至广州，在广东境内为顺水，这本路程去程、回程都能使用。

⑦ 这句是说贩运至广州的货物也要开具红单，过韶关的方法相同，红单非常重要。

⑧ 行，读 háng，指过载行。

⑨ 这句是说租赁大船时船钱已经包含卸货的工钱，无须货主再雇装卸工。

⑩ 酒钱、茶钱等花销，大量出现在正文和作者小注中，实质上是各种名目的工资。可见工资由两部分构成，一部分是雇主发的工资，一部分是客商给的酒茶钱。

⑪ 从佛山雇的船户，只包运到南雄。从南雄起旱，要找脚行雇搬运工。

⑫ 包稍，方言中“全部承担”意。

稍，四人轿不用[①]。至□□南安行，交轿夫酒钱每人……好……最难，吩咐他要新船好桅……老板有名堂不借才□可。一路不许搭客，至瑞洪镇不要湾泊，乃写。货到齐，交南雄押号酒钱银壹元。又嘱主家寻好驳船，要连票同开同泊，限日到赣州，或加些酒钱，如有壹只不到，分文不付。装起驳船，取船契上船，交管主酒钱六七百文，茶钱五六拾文[②]。驳至赣州，小心收货，过大船收，开明仓口件数、税单[③]。带船契，上包税店上过关银后，紧记取红单，到储潭[④]查缴回，无红单即作私逃，重罚不货。叫过税银店请滩师[⑤]要老练的，言明价银，四五之间系客人[⑥]出，即交大船出滩神福每人钱壹百文，船旧花子钱贰拾四文，疯疾钱贰拾四文。船至储潭交红单与船主，缴用钱五文，缴红单回船，敬神。出拾八滩，至万安滩师上岸，交酒钱四五拾文。到江西省城交，过湖神福每人钱壹百文，火校每船船钱四五百文。到膺（鹰）潭，水浅要起驳，言明同大船到，每加酒钱三四百文连票，如一只不到，各驳酒钱分文不付……河口镇……代客开驳，总要好驳船。连……子船，船主酒钱四五百文，水手每名约贰拾文，驳至玉山□□查收。叫主人家发夫或生口行，管店酒钱四五百文，茶钱七八拾文，过山轿夫包稍钱四拾八文，四人轿则（子）双包稍。货到常山，小心查验，到齐，交押夫酒钱五六百文。写通船舱，船

---

① 意思是二人椅轿出单倍包稍钱，轿子出双倍钱，四人轿子不用出四倍钱。从“船至南雄上行”至此句，讲的是在南雄起旱、过山须知。

② “至□□南安行”至此句，讲在南安府收货、租船须知。

③ 这句是说同广州税关一样，在赣州报税也需持舱口单、税单（报单）。

④ 储潭，也是负责稽查走私的子口，功能同紫（梓）洞。

⑤ 滩师，引水领航的人，是熟悉航道的老师傅，与纤夫不同。

⑥ 客人，商人被称作客人、客商，是相对于主人而言，过载行老板被称为主人。

同行家□看，要老实好船乃写，要说明不要做神福，此下河系船主之事。货到齐上船，交管店酒钱四五百文，茶钱七八拾文。至兰溪□嘱船主不要做神福，与回壹员。船至杭州，上行起货，点名件数，即开单往北新关过税，并到船行写船。明日过坝，至紧带红单回。收齐货，交过舱船茶钱壹贰百文，酒钱五六百文，水手酒钱三四百文。次早过坝，管店酒钱三四百文，茶钱四五拾文。到尾坝加挑钱，每担壹文。但过尖头船，要大船方可。每担约钱壹百三四拾文不等，务然讲准为上，送坝酒钱四百文。装完□□，至大关口□，过关完契[①]。小使酒钱四五拾文，□船一路至湖州也[②]。

广东省至浙江路程[③]

广东省广州府南海、番禺二县六十里至佛山镇，十里至背底水。如运尾[④]，

---

① “船至杭州”至此句，是在杭州上税、过坝须知。

② 这本路程终点是杭州北新关，小注有北新关至湖州菱湖镇的路程里数，但没有沿途站点。此处又写终点是湖州，应当是采办湖丝在湖州，采办其他杂货在杭州。可能最初的作者是贩运湖丝的商人，后来路程书被杂货商拿去使用，补写了一些内容，路程终点也稍有变化。

③ 本篇地名参照林则徐《已亥日记》《辛丑日记》（《林则徐集·日记》，中华书局1962年版，第326—367、380—405页）、王振忠《清代徽州与广东的商路与商业——歙县茶商抄本〈万里云程〉研究》（《历史地理》第17辑，上海人民出版社2001年版，第297—315页）、王振忠《瓷商之路——跋徽州商编路程〈水陆平安〉抄本》（《历史地理》第25辑，上海人民出版社2011年版，第324—340页）、王振忠《太平天国前后徽商在江西的木业经营——新发现的〈西河木业纂要〉抄本研究》（《历史地理》第28辑，上海人民出版社2013年版，第144—165页）等资料修正。

④ 运尾，在粤方言中是把船划入小河汊的意思。广州城至东平河有两条水道，一条是下文大字的路线：从西炮台出发，沿汾水水道经过佛山镇北，在庄步（紫洞对岸）进入东平河；另一条是小注的路线：沿平洲水道从佛山南边西行，在紫洞进入东平河。因为前者有开船的地点佛山镇，有洋货交子口税的粤海关，是正路，所以后者被称作“运尾”。如果在广州税馆已经领取红单，并且没有贩运洋货，不必走前一条路线，“运尾”即可。

则至水师营、大王滘①，入平州②，出亚公庙、独树，过兰石湾、子（紫）洞③。西炮台五里，过海④。背底水五里。五了口⑤右塘，十里⑥。盐步。司前。茉莉沙右塘，十五里。鹰嘴沙右塘，十里。汾水头⑦。粤海关⑧查洋货出口，记收放行票⑨，至紫洞口有查船⑩缴回。如不小心失去票，即为私货，重罚难免。佛山镇有开船⑪神福。七十里至西南驿，十里至新黄鼎。樟槎⑫。新涌口有税馆，查落地税。新黄鼎有巡司⑬、哨船、塘汛，五里。沙要⑭塘五里，不可泊。皇借岗即沙口大营。庄步⑮即仙管汛，对河紫洞⑯，十里。荔枝园右塘，十里。小塘汛右塘，十里，有人家。狮子窦十里。旧黄鼎十里，有□□。西南驿三水县属，古

---

① 滘，指河道分支或汇合的地方，带“滘”的地名基本都在广东。

② 平州，此地叫平洲堡，从此进入平洲水道。

③ 紫洞，小注、正文两条路线在此处汇合，进入东平河。

④ 海，广州话把河流都称作“海”，见肖何盛《“称江为海”地名词汇研究——以广州地区为例》（《中国地名》2017 年第 8 期）。与其他山西商人文书常见晋方言不同，这本路程有一些粤方言词汇，是受到广东商人的影响。

⑤ 五了口，即五叉口。

⑥ 本篇的作者小注均写成“左塘（或右塘），某里”格式。意思是，五叉口距离背底水十里，河流右岸有一支流在五叉口汇入；不是指五叉口有一支流，沿支流十里有一地。

⑦ 汾水头，从此地进入汾水水道，至庄步出汾水，进入东平河。

⑧ 粤海关，康熙年间开放海禁后设立的广州海关。

⑨ 放行票，红单还起到放行票的作用。

⑩ 查船，紫洞就是粤海关众多子口中“稽查之口”，负责查红单。

⑪ 开船，佛山镇是货运的起点，序言第一句已说明。

⑫ 樟槎，即张槎。

⑬ 巡司，巡检司的简称。从这本路程可见，县城以外的一些村镇设置有巡检司，这符合清代中后期人口大幅度增长的背景。

⑭ 沙要，即沙腰。

⑮ 庄步，由于西南涌的淤塞（见“一水往金山［沙］、石门”注），清中期去广州城的水路已经都走庄步，见《中国历史自然地理》（邹逸麟、张修桂主编，科学出版社 2013 年版，第 416 页）。

⑯ 紫洞，即梓洞。

生意①，夜泊防贼。一水往金山（沙）、石门②等处。八十里至芦包口③。**浮沉石**在河口。**三水县马头**有接官亭，对河贤滘④，往肇庆、广西⑤等处。十里。**木棉头**右塘，十里，□□武庙，有人家。**杭岗营**十里。**老鼠岗**。**偷狗营**即多思，夜泊宜小心，十里。**四会水口**。**南津司**十里，小心。**流尾汛**⑥右塘，十里。**袁益**有汛。**牛围村**。**太监沙**右塘⑦，十里。**沙墩**右塘，十里。**鹊姑水口**。**芦包口**⑧有副台衙门在此镇守，夜防盗。下水大可过此⑨，不可过佛山⑩。在南雄写船，言明水大入芦包口，水浅运尾⑪。**胥江驿**有天后庙，有巡司，二、五、八圩期，右塘。六十里至回岐，十里至黄麇州⑫。**鸭埠石**右塘，十里，防盗。**梅花村**。**下界牌**右塘，十里。**上界牌**三水、清远分界，十里。**黄巢矾（矶）**十里，小心。**回岐驿**右塘，六十里至清远，十里至大燕水。**娇娥岭**在右前唱诗，得为夫妇。**大燕水**

---

① 古生意，是说自古大生意在此。

② 一水往金山（沙）、石门，这条河叫作西南涌。芦苞涌淤塞（见“芦包口”注）后，北江受右偏力影响，在西南驿附近发育一条汊道，叫作西南涌，水道从西南涌走捷径，经石门到广州。这条路从清初开始，由于西南涌逐渐淤浅，已经不大有人走。见《中国历史自然地理》第416页。此处小注讲的是西南涌航道，从北江进入西南涌，过金沙洲、石门（均在今佛山市南海区），最终可到广州城。

③ 从西南驿开始数80里，为沙墩。按行文规律，“某某里至某地”中的某地为较大村镇，沙墩后的芦包（苞）口符合这个规律，因此补上“至芦包口”四字。

④ 贤滘，即思贤滘。

⑤ 往肇庆、广西，珠江的支流西江、北江在三水县境汇流，在此地可以进入西江，通往广东肇庆和广西省。下文是沿北江向北航行。

⑥ 流尾汛，即牛尾汛。

⑦ 太监沙，北江中的一个沙洲。右塘，指北江从沙洲两侧流过，逆水行至此，船从沙洲左侧驶过，洲右侧看起来像是一条支流，实际是一个汊道。

⑧ 芦包口，即芦苞口，指北江分出的芦苞涌的水口。晋代以后，古北江在右偏力的作用下，在今天的芦苞镇附近发育一条汊道，即芦苞涌。见《中国历史自然地理》第415页。

⑨ 明代后期，芦苞涌已日渐淤浅，夏季洪水期仍能维持较大水量，秋冬则涸，难以通航。

⑩ 不可过佛山，水涨可从芦苞口进入北江的支流芦苞涌，南下广州更为便捷，不走芦苞口、走佛山会绕远。

⑪ 运尾，指沿着北江不入芦苞涌，一直顺流而下进入东平河，在庄步、紫（梓）洞拐入小河汊到达广州。这个路线水量小时仍可通航。

⑫ 黄麇州，下文十里后是“鸭埠石”，则“鸭埠石”的别名是“黄麇州”。

右塘，防盗，五里，一水①通花山。黎洞坑。山塘营右塘□□。正江口右塘，十里。私盐沙。鸬鹚石。草鞋洲。塔脚右塘，十里。清远县安远驿八十里至横石矾（矶），对海有盘古厂，十五里至朗底。递运所在西。东林寺。白鹤巢在西。七星岗东有山便是。大朗底②右塘，二十里至黎塘③。寡婆沙有石。烧窑湾。黎塘右塘，五里。白庙塘即峡口④，十里。飞来寺。西牛潭。龙仙矾（矶）水长⑤，矾（矶）豆（头）⑥ 甚大，切宜小心。滘江口⑦即峡口，十里。十二坑。古楼洞即样塘汛，右塘，十里。黄洞口右塘，十里。横石矶。水马驿即稔塘，有巡司。此砧（站）多□□，夜泊防盗。百廿里至英德，十里至寡婆沙。炭坑。仙人矶水长难行。牛皮塘东。金牛角西。界牌石广州、韶州分界。寡婆沙右塘，十里。有石鼓石马，相传世乱鼓响马鸣。杀鸡坑。锦被石在河中，宜小心。大庙峡水长，要缆正⑧。主娘上庙敬神⑨。香炉峡。□□。黎峒⑩水右塘，十里。长湾头。小樟沙右塘，十里，即蚊虫营。大樟沙右塘，十

---

① 一水，大燕水北端是北江的支流滘江分出的汊道，南至此地汇入北江，大燕水成为一个与北江平行的航道，清末仍通航，船只为避飞来峡湍急水流常从滘江口入大燕水。（见《中国历史自然地理》第415页）如果自南向北行驶，船只进入大燕水，在佛冈县的花山附近进入滘江，再从滘江口进入北江，以避开北江上的飞来峡。小注的花山指佛冈县的花山，是在描述清代一直通行的大燕水航道。

② 大朗底，在今清远市大塱村。

③ 二十里至黎塘，与下文五里至黎塘不同，此处指沿着右岸的支流，路程长。

④ 峡口，指飞来峡南口，下一个峡口指飞来峡北口。

⑤ 水长，指河流平直，是相对于“水湾”来说的。下文“水长”多注于峡谷处，可见河流平直的原因，是河道受制于两岸山崖。

⑥ 豆，因为粤语发音，本路程的“头”多写作“豆”，下文作为地名的“豆”不再改为“头”，作为词汇的“豆”改作“头”。

⑦ 滘江口，是滘江汇入北江之处。

⑧ 缆正，指上水困难，要用纤绳牵挽。

⑨ 本篇比起其他路程书来，特别重视敬神，与本篇基本走水路、其他路程书大部分走陆路有关。古代从事水运的人非常虔诚地崇拜神灵，内河中的礁石、漩涡都会导致翻船。如果说陆路运输充满风餐露宿的艰辛，水路运输则有重则丧命的危险。水上航运更加重视敬神，在本篇中多有体现。

⑩ 黎峒，即黎洞。

里。马磂矾（矶）右塘，十里。连州水口①右塘，十里，有查盐处。贞阳峡②右塘，十里。水长，矾（矶）豆（头）甚大，半山有缆路。有□将军庙石。抛江步十里，右边有缆路。钓鱼台俗云：水浸钓鱼台，上下谁敢来。大豆曲西有坑。老虎口谚云：水浸老虎口，［工］上下不敢走。羊枯石石上有“凿山通海”四字。峡口塘。波罗坑右塘，卅里至英德，有人家。牛屎湾有塘。秆堆山左。金丝滩右塘。三坑口东。小银瓶滩。大银瓶滩左有馒头石。浪罟滩西有石。九龙潭。罗隐寺有东坡亭、寒翠石。南山书院有读书亭、薰风楼。万寿寺有桥，有水在后山出。石南山塔脚。英德县贞阳驿属韶州府，有佛山渡，出英石。俗云：英德上下缆，鸡笼上下滩③。对河一水入翁源④，六十五里至清溪，十里至莱洲豆。莱洲豆右塘，五里。合竹滩□□东有山。江湾汛右塘□□，有猫儿石。太平坑。虾精滩。望夫岗右塘，十里。有佛山渡，一、四、七期。翻风燕右塘，十里。郎罟滩。下静滩。寡婆渡左有人家。观音岩在海傍峭壁上，有小船可渡至此，敬神。观音坑右塘，十里。有人家，有圩，二、五、八、十期。金鸡坑。秤铊（砣）山在左。鱼棵滩。三板滩右塘，十里。高车塘。龙头影右塘，十里，山如龙豆（头）形。粉团滩中有洲。鳖背滩小心。剪迳尾滩左塘，十里。清溪角上下水要小心，宜带缆。俗云：水浅清溪角，水大五婆城。至此宜敬神。清溪驿左塘。有巡司，属英德。八十里至蒙里，廿里至沙口。五羊滩左有石角，上有庙，敬神。清浔滩有杨四将军庙，敬神。沙口即沙水塘。右塘，十里，有人家。五婆城昔有五女仙在此造城，至鸡鸣不得成功而去。有庙，敬神。溪斗角要小心。狮子角河中有名（石）。蜈蚣迳多暗石，宜小心。弹子矶昔黄巢打弹，痕迹尚存。河中多石，宜小心。凤由⑤汛右塘，十里。磨刀滩古云：米原、

① 连州水口，是连江汇入北江之处，沿连江可到达连州（今连州市）。

② 贞阳峡，即浈阳峡。

③ 这句是说要用缆绳驳滩，具体过程见下文“有银便请驳”注。

④ 一水，英德县城在北江西岸，对岸是滃江汇入北江处，沿滃江可到达翁源县。

⑤ 凤由，即凤田。

凭所①唔打紧，磨刀、泻利甚艰难。泻利滩。高桥汛右塘，十里，河中有洲。牛屎滩多乱石。凭头滩宜带横缆，最宜小心。大坑口即旧蒙里司。右塘，卅里至新蒙里。线口滩。乌石滩右塘，南华进香在此起岸②。月华滩。蒙里驿右塘。有巡司，曲江管，上有华亭。夜泊防盗。九十里至韶关，十里至界滩。罗塘矶水长，矶所③甚大。界滩右塘，十里。甚大，西有石。乌猿饮水有石生成。子高滩。白汝村④右塘。黄茅峡右塘，十里。多乱石，防盗。军营。马鬃矶水大甚急流，惟用新缆⑤方可。中柱滩一带乱石。上下窑尾滩有人家。曹溪水又名回龙山。东入南华寺，西入乳源县⑥。白土村右塘，十里，有人家。虎椅山。毛洲滩头。窑头矶。中流角滩。毛洲尾。寓居闲滩。孟洲坝右塘，十里。蓑衣滩要小心。牛握滩有塘，要小心。懒龙滩。竹筒滩有塘。铜鼓滩有塘。笔架山。车头塘右塘，十里。老虎矶。白茫村有塘，廿里。茶亭滩。大小官滩。沙洲尾有塘，有伏波庙，冬天水浅。石灰坪。河面水东水上南雄，西水上乐昌⑦。洗马滩。韶州府曲江县⑧芙蓉驿太平关百里至坪圃，十里至茶瓶滩。有浮桥，名太平桥。船至此开明仓口单，每舱件数、斤两写明，挂号报税。上银店大顺号算明，然后兑银过关。开驳船有南雄交行。有的在省言明⑨，大船包驳到南

---

① 凭所，这本路程中“矶头”与“矶所”同义，“凭所”“凭头”同义是很有可能的，下文恰好有“凭头滩”，凭所即指此。米原，未知。

② 南华进香，北江过乌石滩（今乌石镇）后向西北流，南华寺在乌石滩东北，要从此地转陆路。

③ 矶所，应与“矶头”同义，前文有“矶头甚大”。

④ 白汝村，即白沙村。

⑤ 用新缆，新缆比旧缆质量好、强度大。

⑥ 此地有两条支流汇入，南水河在西岸汇入，沿南水河可到乳源县，所以说“西入乳源县”；曹溪水在东岸汇入，沿曹溪水可达南华寺，所以说“东入南华寺”。今曹溪水已淤塞，不通北江。

⑦ 浈江和武江在此处合流，下游称北江。下文是从北江进入浈江，继续逆流而上。浈江在东，可到南雄府，所以说“东水入南雄”；武江在西，可到乐昌县，所以说“西水入乐昌”。

⑧ 曲江县，今韶关市浈江区。

⑨ 在省言明，在省城广州订船时就约定好。

雄。回广货到雄[①]，写驳送到韶关。或银店叫大船[②]，货少单帮船，其大船名曰老龙船。亦货开明仓口单：头仓若干、二仓若干。即日挂号，次日过关。湖丝每包报重八十斤，关上秤重三四斤不等，税银照前加等。如快，当必要请多费几两洋银。二两四分即取红单，至广州税馆消号。如无红单即为私货，再税并罚[③]。开船敬神，船上神福，水手每名上水七分、下水八分[④]。牛口石上有书院。茶瓶滩。黄金村。辣口滩[⑤]右塘，十里。老虎板滩。抛江[⑥]滩。黄浪水口[⑦]右塘，十里。打墩滩西有庙，上水要到横缆。湾头滩有塘，在半山上有人家，十里。漳滩[⑧]即猪肚滩。横滩防浅。九思滩九里十三抛[⑨]在此起。獭獠臀石。七姑庙。獭姑滩右塘，十里。狮子山上有源水书院，缴夜流水不绝。谚云：南蛇叫、狮子笑，谁人寻得着，子孙无零落。刹古庙右塘，十里。凤凰卯在山腰上，可望不可即。头巾石水长，不可抛江[⑩]。人头石。燕子巢有石像燕巢，今有山，葬在其上。仁花（化）县水口左塘[⑪]，十里。其水极清，十三抛至此上（止）。凿石滩。上下泻油滩。乱石滩右塘，十里。船大要打帮[⑫]上。黄竹坡滩。挂榜山上有无鸣宿鸟形。柳州

---

① 本篇称去广东为“回”“回货”“回程”，而不叫“去”；再有以广州为起点，而不是杭州，这是受到广东商人的影响。

② 银店叫大船，是说银店兼营过载行，可在银店租赁船。

③ 从“回广货到雄”至此句，均为南下注意事项。多处作者小注都先讲北上贩运须知，再讲南下须知。作者是在广州开有字号、去浙江办货的商人，他贩运广货到杭州，再贩运湖丝到广州。须知都是先讲去程，再讲回程，所以路程书叫“广东省至浙江路程”，不叫“浙江省至广东路程”。

④ 上水七分、下水八分，表明顺流下水比逆流更吃力。

⑤ 辣口滩，即腊石滩，又称腊石坝。

⑥ 抛江，指船抛弃此航道，冲过江面而就彼航道。见江福训《“抛江”别议》（《语文学习》1991年第4期）。

⑦ 黄浪水口，黄浪水今名枫湾河，在此地汇入浈江。

⑧ 漳滩，即张滩。

⑨ 九里十三抛，全国有多处叫“九里十三湾”的地名，此地是指河流转了十几个弯，需要十几次抛江。

⑩ 不可抛江，河流弯度大小肉眼可见，弯度小不必抛江本不需要提醒，抛江的原因除了在河湾处需要觅捷径之外，还有此岸山崖高耸要去彼岸寻找纤路，如果两岸都是山崖，缺少河流沉积形成的边滩，两岸都难觅纤路，抛江也起不到作用，此地河流经过峡谷才是“不可抛江”的原因。

⑪ 塘，指锦江，锦江上游经过仁化县城，在此地汇入浈江。

⑫ 打帮，方言中“帮忙”的意思，是指所有水手一起摇橹或者撑篙。

坡滩水大，打帮同行。崖子石滩。坪圃①滩百里至黄塘驿，十里至漓水口。曲江管，有巡司，圩四、七、十日。此是曲江上居，对山有张九龄玉相坟，其山形猪头、蜡烛、果盒、花瓶等物。新妇石有石像妇人，在海边，其阴极像人。或以竹杆（竿）□之则却内，妇人阴心驿动，阴夕乡人缴御，今怪状累消。田家村左有洲，出□果。建村滩右有寺院，水干小小。漓水口右塘，十里，一水入山内。上道。白石庙。岩岩滩河中有石。苏渡。白鹤抢金鱼滩。牛挨磡。鸡笼滩左塘，十里。宜小心，山边多石。八村口。台角滩。枫水埂又名雷坑，极大。新范水十里。玄潭。麻阳②园有人家。牛米滩。五桂塘十里，□□太平塘，俗名乌龟塘。冷田角有塘，不近河。青石桥滩。中堂滩始兴、曲江分界，十里。总铺即马战滩，十里。金匙滩。银匙滩。罗碑塘即水口村，十里。三顶滩。马银滩冬天水浅。高矶岭今无塘汛。缆步滩。始具（兴）江口右塘③，十里。两院京报泊此。冬天韶商船至此，县差声说拿夫封船之话，周年如是，亦不过要钱耳。武儿滩上水打帮，下水吊缆④。罗园⑤村右塘，十里。蓉树潭在山嘴，有庙。□鱼滩。鸡爪滩水大，要小心。斜潭右塘□□。鸭利水滩。鼓家村。鹅头滩水长，要小心。黎壁滩。三口滩□□塘，十里。寡婆桥右塘，十里。□鱼滩。天子地。大坑口滩十里。云巡滩。鸡爪滩水大，要小心。黄塘驿右塘，十里，即历平沙。俗云：乱石如麻，有银便请驳⑥，无银即抛沙⑦。塘角营右塘，十里。古碌铺。丹步水十里。拐石昔有石像拐，今则无矣。修仁村右塘，十天（里），冬天无水难行。马渡水口右有石桥。青水角。红花缆。白

---

① 坪圃，即平圃，今名平甫。

② 麻阳，即麻洋。

③ 右塘，是浈江的支流墨江，墨江在流过始兴县城后，很快汇入浈江，故墨江又称始兴江。始兴县城不临浈江，没有出现在下文中。

④ 下水吊缆，指倒背缆绳，以防船速太快。从上水如此困难来看，下水会有急流。

⑤ 罗园，即罗围。

⑥ 有银便请驳，指花钱请当地的船民驳滩。人和货物都要卸下船，从岸上走过，空船才能盘驳过滩，到上游人和货物重新上船启程。

⑦ 抛沙，应指抛锚。

角营十里。古塘。三枫塔左塘，十里。海边有三枫寺。太平桥有关帝庙、七姑庙，鸾旧关所在。南雄府保昌县[①]陵江驿百廿里至南安，十里至新铺。发夫过山寓，麦公和行，不论行李货物，先到先发。新丝时或过午后，恐船到迟，则三抗打路先到行，说明多少担数，发夫船总黑夜到，发亦不妨也。过山客唑（坐）轿，名为包山虎，轿夫或二人、三四名，至槐花塘，必要南安大相换到行，包稍钱、酒钱总给过山谢行，任客多少。管行使酒钱四五百文，押夫酒钱七八百文，送程物利市酒钱五七十、百文不等。船行送程礼，然船主酒钱贰三百文，水手与然。下水写驳船，行家叫至韶写大船，亦可自写，或银店写[②]，价钱不等。神福每人上水两次[③]七分，下水八分，湖丝[④]九分。如写上水船价，每船水手几名，言定包到南雄每名银多少。回省大船泊西炮台，客自叫驳船进城，佛山、广州税馆消号，数百文之数。湖丝到省要进城，濠口关上亦要税[⑤]，丝多少他亦要，银钱亦有多少不等。南雄水尾。五里山。新铺前十里。长亭铺。大塘铺。光脑十里。长遥。沙水塘十里。珠玑巷门楼，扁云“珠玑”[⑥]。右前大人家，有寺，客至奉茶，客送此些茶钱。石塘十里。里东铺大人家，有塘，十里。灵潭铺右边有路，往长通桥。火遥铺十里，即槐花塘。打松（换）处。中站铺十里，在此中伙[⑦]。小岭铺红梅寺在此。白猿洞山色青翠。新路口十里。岭脚。半山亭。衣钵亭昔太祖传衣体（钵）于【此】处。卦角亭。梅岭顶广东、江西分界。乱石铺十里。大沙铺。十里亭。黄泥巷。五里山有楼、官亭。较场。江西省南安府大庾县[⑧]横浦驿九十里至小溪，十里

---

① 保昌县，今广东省南雄市区。

② 这句是说回程在南雄租驳船时，或者一并租好韶州要换的大船，或者自己到了韶州租大船，或者韶关的银号（交税要去银号办理）代租大船。

③ 上水两次，指从南安至玉山给两次神福钱，不是两次上水的意思。南安至南昌为下水，瑞洪镇至玉山为上水，回程也是一次下水、一次上水，都不是两次上水。下水八分也是指玉山至南安时给两次神福钱，每次八分。

④ 湖丝尤其怕潮湿，对货舱和水手有较高要求，给水手的神福钱要高些。

⑤ 濠口关，在三水县城，前后文没有提及这个地名。这句是说，运湖丝到广东要进广州城，在城外的濠口关要交税。

⑥ 珠玑，今南雄市珠玑镇。

⑦ 中伙，休息开火做饭。

⑧ 大庾县，今更名大余县。

至五羊滩①。发夫过山寓，行夫轿比南雄略贱些②。其船只客少，则三板船至玉山交卸不用驳，倘冬天水浅另□□大帮则（子）骡子船。顺水下滩必要讲滩师，其工银讲在价内③，出滩外送些酒钱。其大船湾赣州府多，南安的少。用驳船至赣州过船，其驳船钱系大船之事，至紧声明南安驳即是赣州驳。近日亦有包驳至玉山者，若水大则大船亦可到玉山更妙。若要快到在河口，又另雇驳至玉山，此乃客人办理回头货。自玉山至河口驳，系老板所出大船，过赣关交卸。其驳船至南安系客人自雇船，行则书一红契而已，有下程相送，其老板须要取殷实者。大概此处务要借钱，多少不等，如到埠不还，问行家取讨④。船价洋钱⑤、纹银随时价折扣，其骡子船装湖丝百包。长行水手十六名，多者十八名至廿名，船上［以］亦【以】人为额。除六人外就算请［加］加牵数，其牵夫⑥贵贱不等，在南安至玉山则用十四人可以。自玉山至南安，船到赣州，客至税馆，订明驳价，要留下包封。其驳船每只装湖丝五十余包，言明价钱方好。又要限日，有太阳至南安，大概连关三日或四日多，必要留下包封钱，如讲得糊涂临时必有变卦⑦。其骡子船、三板船神福二次名，每人折钱七十文，福酒在内。船到埠，老板、水手酒钱随手与他。东山寺。观音阁下水要挂号⑧，收票出口。竹园滩。水口寺有龙王庙，南安胜地，颇堪玩赏。五羊滩右塘，十里。有大王庙、杨四将军庙，上水、下水敬神，谨防山嘴石。过路滩。霍孟村十里，有人家，可泊船。上下集尾滩有人家。黎壁滩。惜母滩右塘，十里，有人家，有庙敬神。桃花滩。饭匙滩。收石滩中有石。猪牙滘多暗石，宜小心。上下门龙滩水甚急。峡口滩有石，夜泊防盗。双牌滩十里。如赶路，则在【此】上岸到行。剪子滩宜小心。马鞍滩有石。上下鸡脚滩。大理塘廿里。黄龙滩。新开河滩。大学村右塘，十里。脂卯山。舍官桥。茅岭滩。青龙铺。蕉药滩。新田铺有土城，

---

① 从大庾县至赣州府，是顺章水而下。

② 这两句都是回程时过梅岭的注意事项。

③ 这句是说租船的船钱包含了滩师的工钱。

④ 从“自玉山至河口驳”至此句，为回程须知。

⑤ 洋钱，指鹰洋为主的外国银元，计量单位是元。序言有“酒钱壹元”，下文有“洋钱三元”。

⑥ 牵夫，同“纤夫”。

⑦ 从“自玉山至南安”至此句，讲回程须知。

⑧ 挂号，此地是赣州关的一个挂号子口，负责下水方向的船只申报。

廿里。观前滩小心。蓝村有人家。落田村滩。将军滩。杨帆渡。社荒滩。角口滩地。沉口滩。贝村滩。洋口村夜宜小心。花石潭多鱼。老小溪有土城，即新田巡司。小溪驿右有巡司，百里至南康府，二十里新城铺。马步滩。枫木滩。王柏滩。杨村渡滩。白石铺。九所里。新城铺左塘，廿里。有土城，夜泊防盗。油罗滩。池江湾口。白田铺。白王潭。张斜潭滩水极浅，湾田多。狗脚滩。水南村。狐狸寨。三交滩，高洲中有石。禾堆山。窝坑口右塘，廿里，夜泊防盗。浮石滩。和尚滩。秤钩滩。黎园滩。贤女铺左塘，廿里，有营。昔有一女子，其夫死，父母逼改嫁，女坚志不得，投水而死。后人吊云：既许罗郎又许杨，女子何能自主张，无颜着见乡人面，投水杨（扬）名抱节长。石门滩。到岭滩又名水头滩。白田滩。富潭滩。牙梳滩。高车滩右塘，十五里。古镇铺。赤芦滩。缥渺滩。南康县南野驿左城，属南安。六十里至九牛驿，十五里至檐前。有章家亭、瑞露轩、祥符寺、芙蓉楼，可进玩。学前滩。奎阁祠。石桥滩有塔。暮衣滩。鱼步滩。莲塘江口。盐青岭。檐前塘左塘①，十里。打头滩。菜把滩。石院寺前滩。胡狮头滩。洋江口左塘，十里。夜防贼，通湖广桂阳②。五层陂滩。油曹口滩。罗村滩右塘，十里。黎曲滩。站前滩。潭石口镇③右塘，十里，有巡司。九牛驿右塘。九十里至赣州府，十五里至枫树。有龙王庙，一路往湖广④。洗马滩。西林河。三江口⑤右塘，十里，夜防盗。一水⑥入上龙（犹）县。吴树头滩⑦。张边塘。罗家村。和尚滩。波罗滩夜泊小心。天师砚十里。罗汉松滩。小坝滩。罗屋滩。水南村。欧潭右塘，十里，有人

---

① 左塘，指上文提到的莲塘江，是章水的支流。

② 左塘，指扬眉江。从扬眉江口西行，先走水路再转陆路，可到达湖南省桂阳县。

③ 潭石口镇，又称潭口镇。

④ 右塘，章水右岸的某条支流。一路往湖广，指发源于湖南省的上犹江，与右塘不是指同一条河。

⑤ 三江口，是上犹江汇入章水处，章水上游、下游、上犹江成三江口。

⑥ 一水，指上犹江，通上犹县。

⑦ 吴树头滩，应为枫树头滩。前文“九牛驿”下小注有地名“枫树”，吴树头滩的“吴”应改为“枫”才与前文呼应。

家，有庙。竹坝滩。彭屋埠。周屋村。黄金却十里。上下高楼村左塘，廿里。磨盘滩。腴斗牛滩。羊角滩。水口滩。沙坑坝。吉步滩山上有塔。南门汛左塘，十里。一路有牵夫雇。菜园滩。杨梅渡。赣州府赣县水西驿百里至攸镇，廿里至储潭。西关但货到收驳，叫船户查明仓口写单报税。下水货既得取红票，到储潭收征，如无红票即是私货。下水叫船户请老练滩师，其银系客人所出，到万安滩师上岸，交些酒钱。此处有铺代客报税请关①，上、下水皆然。放关时官到了，即移到座船边，待他过船查捻，即抽一包丝，秤（称）过多少捻，即时放关。大船自去过驳，客可早备银两带在身上。即在座船上岸，到报税馆，丝斤两算明开船。即日总计丝包，每包约银壹两零四分五②。丰等处由东关过税③，丝报税萧元盛。桃源滩。三了水④一水往福建、信【丰】⑤。罗汉松滩。水东滩。储潭下水在此徼红票，上水挂号，与些酒钱。上有庙，敬神。廿里。庙有联云：无风无波想上心头是，石水落石诚神力如何。罗经洲。仙女潭上有仙女庙。水口塘右塘，廿里。有人家，出滩有庙敬神。白涧滩出十八滩在此起，下水第一名，【上水】第十八名。古路村。鳖背滩西有人家，各（多）右（石），第贰名。新庙敬神。横弦滩右有人家。有金龙四大王庙，敬神。第三名，廿里。天柱滩极大，上有杨四将军庙、箫公庙。对河界平⑥，倘水大走界平⑦，十分小心方好。第四名。连潭庙敬神。茶壶滩即平步滩，有人家，第五名。狗脚滩有人家。多石，又名低铜镜，名有磨盘石、台西石。第六名。太湖滩⑧右塘，廿里。即太湖港，又名下釜金塘。有关帝庙，敬神。一水⑨通入山。第七名。金下村有箫公庙。杨梅矾（矶）有人家。水长，

---

① 有代理报税的商铺，下文“丝报税萧元盛”就是一个代理商。

② 从“放关时官到了”至此句，都讲生丝查验报税，是回程须知。

③ 湖丝报税时是回程，对应的前一句应指去程，“丰等处”指去丰城等地。

④ 三了水，即三叉水，是章水、贡水汇合处，汇流后称为赣江。从此地至南昌府，是顺赣江而下。

⑤ 一水，指贡水。贡水的两条支流绵水、琴江发源于武夷山区，穿过武夷山可到福建；贡水的支流桃江通向江西信丰县，怀疑此处漏抄“丰”字，意指贡水可通信丰。

⑥ 界平，即街坪村，在赣江右岸。

⑦ 从大船卸货，从街坪开始走旱路，雇挑夫把货物运到下游再装船。

⑧ 太湖滩，即大湖滩，在今赣县区湖江镇附近。

⑨ 一水，指赣江的某条支流，今已淤塞，不通山区。

湾头大。天子地名为御水洗金街，左狮右象，昔罗王葬亲于此，今被雷打破。石人坝古云：石人坝，十个行来九个怕。最小心。冯屋角滩。攸镇驿左塘。六十里至皂口，十里至土墙豆。有巡司大人家，出谷米。西有一水①通三县。金山阁。落赖滩防盗。铜鼓滩左有人家。锡洲滩右有人家，东有婆庙，有角，对河铜盘滩。铜盘滩河中多乱石，第八名。清洲滩中有石，防盗。土墙豆右塘，一名乐富滩。水极大，宜小心。十里。老鼠尾滩。白练滩。横石滩极大，有人家，防盗。良富滩二十里，左右两营。吉安、赣分界，上有庙。梁口村②有人家，有庙。黄麖洲行左滩，第九名。左角滩。昆仑滩左塘，十里，有庙。第十名。剪刀峡。黄屋村滩。耿田滩。晓滩。武索滩右塘，十里，有晏公庙。第十一名。羌荒滩有刘公庙，第十二（名）。皂口驿右塘。五十里至万安，卅里至棉津，万安县管。有大王庙，敬神。老虎角水大难上。剪刀滩。曲尺滩有庙，入口要转湾。第十三名。小廖滩③东有人家，西有庙。水浅难下，第十四名。大廖滩④水干难下⑤，第十五名。棉津滩右塘，十里，第十六名。泥步滩。漂神滩右塘，十里，第十七名。梅铺。白石铺防盗。葛公滩。惶恐滩今改名万安滩，最要小心。昔文丞相有诗曰：十八滩头十八名，第一惶恐最偏情，世人不为君亲计，那肯移丹（舟）到此行。下水第十八名，上水第一名。万安县五云驿属吉安府。百里至太（泰）和县，廿里至罗塘湾。滩师在此上岸，可送些酒钱。仓前。擂鼓滩上有龙武庙。瀛洲角有塘。龙泉水口⑥即三白坑，有塔。大小昆山滩。罗塘湾右塘，廿里。袁江埠。下团洲埠。吴家脑。百嘉村右塘，十里，大人家。出白毛黑卤鸡，猪肉颇贱。上水在此买神福。牛口洲有石，宜小心。中塘村在东。杨坪村。郭步洲。龙丘埠左塘，十里。窑头村右塘，廿里，有巡司，出瓦缸。割

① 一水，是赣江的支流，发源于上犹、赣县、万安三县交界地带。

② 梁口村，即良口村。

③ 小廖滩，即小蓼滩。

④ 大廖滩，即大蓼滩。

⑤ 水干难下，指水浅时更加显得河中礁石林立，航行很危险，所以苏轼用“江水忽清涨丈余，赣石三百里无一见者”来表示水涨通行无碍。

⑥ 龙泉水口，遂川江在此地汇入赣江。

肠滩。旧浩溪在西。头巡滩。周公潭不可泊。横统滩。上坑滩。蜀口洲右塘，十里至太（泰）和县，【县】管。昔欧阳文忠公在公归故里，其祖故名曰：九牛摧（推）磨①。曲水入明堂，官福建（连）绵②。牛口滩山嘴多石。普塘口左塘，十里，有晏公庙。泰和县浩溪驿左城。百里至吉安，廿里至浩溪渡。出鸡籽处。狗头滩。朱陵滩塔脚。烂泥滩又名沿（浩）溪，左塘，廿里③，有人家。杨家滩。仙槎港。减饭岭。水波塘。旧陶金驿右塘，十里。中步村出石膏。天井坝古云：十个家长九个怕。老河口右多乱【石】，十里。花石潭左塘，十里，多鱼。柳树下西有人家。鸡龙滩。曲塘滩。七姑岭十里，即大河塘，有庙。麻洲滩。麻姑埠好棉克（壳）。张家渡即石门，左塘④。十里。两岸人家，有一水入吴（兴）国⑤。某宗，文丞相居山⑥。永和埠左塘，十里。有石过河，出快（筷）子。福安永新二县水口⑦一水入湖广茶陵等处、江西湖广分界⑧。澄江山有杨仙庙。吉安府庐陵县⑨骡川驿左城。四十里至白沙驿，十里至梅林渡。陵江亭。梅林渡右塘，十里。螺子山在西北，山甚青翠，有人家。白鹭洲。石窝左塘，十里。即墨潭。滑石滩右塘，二十里。觅塘有人家，上有书院。永丰水口通抚州⑩。吉水县白沙驿右城。八十里至峡江，卅里至茶滩。极妙文

---

① 九牛推磨，俗谚云“九牛推磨，能出九个官”。

② 曲水入明堂，堪舆术认为曲水入明堂是非常好的风水，可出宰相。此地属泰和县，距离欧阳修的家乡永丰县非常远，这不是描述永丰县的地形，是形容在蜀口洲汇入赣江的小支流蜿蜒曲折，沿途风水好。

③ 沿溪，前文浩溪驿下小注“二十里至浩溪”，此地距离浩溪正好二十里，“沿”改为“浩”才上下文相符。

④ 左塘，应为“右塘”，水即富水。

⑤ 吴国，应为兴国，富水源头在兴国、庐陵两县交界处。

⑥ 文丞相居山，富水中游的富田镇是文天祥家乡。

⑦ 福安永新二县水口，福安应改为安福。禾水在此地汇入赣江，禾水的南支可到永新县，北支可到安福县，故称安福永新水口。

⑧ 顺着禾水可以到湖南茶陵等地（实际还要转陆路，翻过罗霄山才到茶陵），茶陵位于湖南、江西交界处。

⑨ 庐陵县，今江西省吉安市区。

⑩ 永丰水口，恩江流经永丰县，在此地汇入赣江，故名永丰水口。沿恩江可到抚州府境内，故名通抚州。

笔峰①。古云：轮（翰）林多吉水，朝内半江西。三曲滩有圩，出好布，防光棍。即三姑滩。茶滩右塘，十里。多暗石，上有尼□□。玄坛庙山上有真君庙，有施山风。试剑石昔许真君在此试剑，又多（名）童子江。雪浪滩即罗状元讲道处。富口村右塘，十里。东石铺。桐江横②右塘，十里。有罗洪山书院，昔中状元得记。周尚书坟。黄金村江口上有老真君庙。钓鱼台右塘，十里。昔管（严）子陵钓鱼处，东有石。防盗。燕子窝西。猪粪滩多乱石。厨溪村右塘，十里。有龙母庙、吉峡。 两县分界。 蒋家村老人桥峡口有龙母庙。塔脚山上有周瑜坟，古路尚存。峡江县玉峡驿左城③。七十里至新淦，十里至漂塘④，属临江府。上有龙王庙。朝阳汛即峡江城外塘。潭塘口右塘，十里。寡妇桥。乌石汛左塘，十里，不可泊。上下仁和村左塘，十里。涨塘口峡江、新淦二县分界，又名张村。左塘，十里。化钱炉右塘，十里，山有天后庙。窑头。长牌口。莲花泥港右塘，十里，一水通入水（山）。新淦县⑤金川驿右城。九十里至樟树镇，十五里至界步。上有王（玉）笥山，十七洞，北有卅六峰、六洞、二十五□，有陶侃书院、洗砚池，天下第八福地⑥。神头潭。金岗有巡司。界步右塘，十里。龙津潭十五里。袁州江口⑦古有塔。河埠左塘，十里。有人家，圩期二、五、八。清泥埠即谷山。石口村右塘，五里。有圩，一、四、七期。白马滩右塘，十里。曾家滩。泰洋洲右塘。有萧公庙，有圩，二、五、八期。永泰埠右塘，十里，有塔。沙溪滩右塘，十里。铜锣江⑧右塘，十里。大口岸，有圩。横梁口一水

---

① 文笔峰，在当地，文峰山被视为科举兴盛的象征，今吉水县城名文峰镇。

② 桐江横，即同江渡。

③ 左城，清代民国的峡江县城在今巴邱镇，位于赣江左岸，故曰“左城”。20 世纪 90 年代县城迁至他处。

④ 漂塘，从里程来看就是下文“谭塘口”。

⑤ 新淦县，今更名新干县。

⑥ 天下第八福地，指玉笥山，在新淦县城南，是道家洞天福地。

⑦ 袁州江口，是明代前期及以前袁水入赣江的地点，因袁水流经袁州府（治今宜春市），故名。赣江在明中期改道后，只留下这个历史地名。

⑧ 铜锣江，指上文“永泰埠”至下文“横梁口”这一段，原为赣江支流蛇溪，明代成化年间赣江改道走蛇溪，此段赣江遂用蛇溪的俗称“铜锣江”来称呼。

入湖南，一水通临江府①。荷湖塘。樟树镇萧滩驿[②]右塘，六十里至丰城县，十里至斗角。此站夜泊防小人，有关公庙。清江县管，有他（巡）司千总。柱宇大生意所在③，有广货行。斗角滩有塘，十里，不可泊。凉伞滩。江许巡司。朴田。老虎口右塘，十里。柏子洲左塘，十里。有人家，出花布。安沙坝防盗。黄埠脑右塘，廿里。乾坤坝防盗。丰城县剑江驿右城。七十里至布（市）汊，十里至曲港。明朝名人极多，出风水先生。朱陵滩。曲港[④]左塘，十里。水口巡司防盗。龙头山右塘，十里，有文昌庙。水笆滩。小港口右塘，十里。大港口右塘，十里，一水通抚州府⑤。龙凤三洲。斗牛潭。张家滩。姜吴渡右塘，十里。涨湖滩十里。市汊驿右塘。六十里至南昌府，十里至烂泥。南昌府属，一水通瑞州府卢（芦）溪⑥。大生意，夜泊防盗。谚抄：丰城市汊，盗贼如麻，为商为旌，谨慎防他。又云：丰城市汊，焙湾亦罢。大概以不泊为妙。相牙潭小心。烂泥湾东塘，十里。店前出纸、布。河泊所右塘，十里。出茶桶壳。生米观[⑦]卅里。有生米洲，米在山内流出。有真君庙寺观。瓦窑村有人家，沙井左有人家，入京在此雇生口。官渡[⑧]昔曹操破袁绍处。凤凰洲昔许真君逐蛟龙成洲。省城南昌府南昌、新建二县[⑨]南浦驿右城，即省城，有滕王阁、风月楼，在河边。昔许真君逐蛟龙于井，以铁柱压之。廿里至铁线港，一百廿里至瑞洪镇。若无水走大湾一百八十里，走大

---

① 袁水在此地汇入赣江。袁水可通向临江府（治今樟树市临江镇），一直溯源而上，转陆路可到湖南省。袁水汇入赣江处有一较大沙洲，袁水在沙洲北、南形成了两个入赣水口，如果船靠赣江东岸行驶，不易看清西岸沙洲附近水道，会误以为两条河汇入了赣江，其实通向临江府和袁州府的是同一条河。

② 樟树镇，樟树镇在清代民国时期属于清江县，县治临江镇，清代时樟树镇不是县治。萧滩驿，因樟树镇位于赣江沿岸、交通便利的缘故，设有驿站，驿站名使用了县治临江镇的古名萧滩。

③ 柱宇，木材生意。清代樟树镇是木材商的聚集地。

④ 曲港，即曲江镇。

⑤ 一水，今称抚河故道，原本是抚河下游的一个分支，沿这条抚河分支向上游可到抚州府。新中国成立后为抚河人工改道，这个分支成为抚河故道。

⑥ 一水，是赣江的支流锦江，逆锦江而上，再转陆路翻过锦江和袁江的分水岭，可到袁江上游的芦溪县。

⑦ 生米观，又作生米罐。

⑧ 官渡，名叫官渡的渡口很多，此处显然附会。

⑨ 南昌、新建二县，南昌府附郭为南昌、新建两个县。

湾自城起卅里至黄家渡，至茅柳村下而往。夜泊防盗，宜小心。凤凰滩。鸡笼山。七星街有汛，防盗。叶家滩。桃湾，双庙前即铁线港口。徐槎右人家，十五里返（达）赵家园，防盗。赵家园左右两汛，廿里乌龟寨。乌龟寨不可泊，卅里至鄱阳湖。官塘冬天有营，在湖中三十里。高子港不可泊，即白沙港。鄱阳湖左塘，卅里，过湖则上水以（矣）。抚州江口①。饶州水口②不可泊，防小人。窑前。瑞洪镇邬子驿左塘。九十里至龙津，卅里至木樨湾。有巡司、把总。上有观音大王、三官上帝、张令公等庙，至此敬神。苦竹港。龙窑镇。双港口上水、东北风合用，至鹰潭③。虎折港不可泊。木樨湾左塘，卅里。有人家，不可泊。三十六湾不可泊。坝口左塘，卅里。有人家，不可泊。龙津驿左塘。八十里至安仁县，廿里至大溪渡。一水往余干县④，有人家。有龙，昔收蛟龙精处。八字脑水大行左，水小行右。大溪渡左塘，十里，两边人家。大石埠左塘，十里。露山铺左塘，十里。黄金埠⑤左塘，十里，有巡司。梅花港右塘，十里。炭埠左塘，十里。安仁县⑥紫云驿左城。一百里至贵溪县，十里至满溪渡。满溪渡十里，有人家，对河人邓家埠。黄粘滩左塘，十里。石港卡顺水有查盐处。卡音难塘也。窑头。界牌滩右塘，十里。广信、饶州两府公界。黄潭又名横石滩。右，十里。东溪村。膺（鹰）潭右塘，十里，有巡司、大街。上水浅，起驳至玉山⑦。鹅头滩。石鼓左塘，廿里。金沙左塘，廿里。杨家渡甚浅。九鸟渡横湾。左边有石，宜小心。又名九里滩。贵溪县芗溪驿右城。九十里至弋阳县，十五里至流口村。头巾石滩要小心。仙人桥天然生成，昔有一仙人，唑（坐）在桥前而不过。

① 抚州江口，抚河流经抚州府（今抚州市），在此地汇入鄱阳湖。

② 饶州水口，此地是锦江（今名信江）入鄱阳湖的水口，沿着锦江支流可进入鄱江支流，并到达饶州府治（今鄱阳县），故名。但是流经饶州府的鄱江，不在此地注入鄱阳湖。

③ 锦江的鹰潭至鄱阳湖段呈东南向西北流，如有东北风，逆水仍为顺风，挂帆即可到鹰潭。

④ 一水，是锦江支流，过余干县城后汇入鄱江的支流，至饶州府治汇入昌江，过饶州府下游称为鄱江。正因有此水入昌江，锦江才可通饶州府。

⑤ 黄金埠，即黄丘埠。

⑥ 安仁县，此地是位于信江沿岸的锦江镇，为旧县城，20 世纪 60 年代迁至今县城。民国时为区别于湖南安仁县，江西安仁县改名余江县。

⑦ 从鹰潭开始，逆水行船是自西向东，如有东北风是逆风，加之上游水量小，需要用驳船。

谚云：仙人桥上过不得。流口村右塘，十里。玛石铺右塘，十里。又名洪水铺。小村滩右塘，十里。河沌[①]十里。上下梅花滩。桃花滩有石生成桃样。舒家港左塘，十五里。鳖盘滩。转风滩对【河】天师龙虎山。小娘渡左塘，廿里。上下霸王滩。叶家坝有人家。春林鸟。陶家湾。塔脚。弋阳县葛溪驿左城。七十里至河口镇，十里至赵家河。漫港口。赵家湖（河）[②]右塘，廿里。连珠滩。潭口滩。梅杨山滩。黄道牌。黄沙港右塘，十里。纱帽滩。史家斗。马蹄滩。松皮滩。青山头左塘，十里。出柴炭，右边有石。印山鸾岩寺。费家庄有阁老坟，上下有牌坊。柴家埠十五里至河口镇。上中下新滩水太浅。卫口滩湾田处，水浅。马家滩。铅山县河口镇鹅河驿右塘。一百里至广信府，十里至庞罗塘。玉山有行家在此接客，代客开驳③。玉山驳货至此过大船④。有一水⑤入武夷山。芝麻滩有人家。江村坝。牛马头。庞罗塘右有人家，十里。高本塘十里。老虎滩十里，石多，甚浅。虎脑。叶青洲右塘，廿里，有人家。驳船二户俱此处人。雷港滩。孤埠。梅潭。济港。马鞍山。白沙。牛腹肚。郭石铺。焦石汛左塘，十里，有横水波。斜潭坑。湖洲尾。冷水滩。新开河。龙潭左塘，十里。即龙溪汛，有短塔。花园滩。广信府上饶县葛阳驿右城。壹百里至玉山，廿里至［玉］灵溪。有浮桥名曰钟灵桥，河名放生，不许人捕鱼，近有封船之事。五里山。丁家洲。灵溪汛右塘，廿里，有人家。杨村滩。乱石滩多石，防盗，又名小十八滩。砍石铺左塘，十里，有人家。南龙。丁家山。黄石滩。沙溪左塘，廿里。有人家，防盗。沙潭山上有塔。乌石滩。圄阇塘左塘，十里，有人家。南山塘。界

---

① 河沌，即河潭。

② 赵家湖，既然此地有支流注入信江，地名应为“赵家河”，今弋阳县城东的赵家山村。

③ 前文鹰潭的小注已写“起驳至玉山”，河口镇又注“开驳”，看似矛盾，其实南安府下小注已经说明原因，“若要快到在河口，又另雇驳至玉山，此乃客人办理回头货”。即，办理回头货的客商在河口雇驳船，不办回头货的无须另雇驳。

④ 这句是讲回程顺水的须知。

⑤ 一水，是信江支流铅山河。

首。张镇。横梁滩。擂鼓滩。樟板塘又名张口，廿里，左有人家。杨溪口。十里滩。七里滩。三里滩。江西玉山县怀玉驿左城。八十里至浙江常山县①，廿里至金鸡。四人轿则（子）双包稍。回货写船，务必择船主设寔。先与行主言明船户不得借贷，近日借银者十居其九，大约到赣州还清方可过关，倘先过关，尤恐借贷不能还清。其驳船至河口系大船之事②。神福福资，每名折大钱百文。东津桥。十里茶亭。童子港。三里塘。古城铺。黄塘铺。金鸡岭十里。屏风关十里。草坪江西、浙江分界处。至此中伙，轿夫至此必要打换，必要相争。客惟雇他早些打换，早到写船，取其快。白石铺十里，骡夫在此歇夜。十八里塘。曹会关右塘，三十里。蒋莲铺。舒家铺。十里街。五里亭。三里街。浙江常【山】县广济驿【八十】五里至衢州府③，二十里至墩头。发夫至玉山，言明有太阳到，切不可贪价贱玉草坪歇宿，恐夫子偷窃货物。写船至江头④则写通舱。上水神福一次，下水神福在价内，折钱三四百文，船主并不较多少。尚有办酒请客，其酒多少不等。至龙游、衢州必有封船之事，写船则言明包差包水〈至衢州大船原船〉至早（写）⑤。驳中水至衢州⑥，大船原船可好，可写⑦。早（写）至驳，水旱至兰溪起驳，中水至衢州，大水原船可到，即写驳票⑧。三里滩。新店有人家，不可泊。十里滩。车滩头。墩头塘右塘，十里。马溪塘右塘，十里。山溪口右塘，十里，不可泊。牛头山。招贤塘右塘，二十里，有人家。夜泊防盗，宜小心。陈家江口。鱼鸟潭。勾溪十里，左有人家。传家滩。毛家墩头。窑头滩。

---

① 从玉山登岸，下文至常山均为陆路。

② 从“回货写船”至此句，是南下须知。

③ 按下文里程，至衢州为八十里，故补上“八十”。常山至衢州府是沿衢江的上游常山港而行。

④ 江头，终点杭州城外的一个地点，见“闸口”作者小注中的“江头”。

⑤ 早，此句和下句的“早”，书写极为清晰，均为“早”无误。如为“早”，两句均不通。考虑到“早”“写”草书很近似，原底本应为“写”，这个抄本错为“早”。“写”即下文“写船行”的简称。“至写”指常山至杭州写船行，“写至驳”指写船行至起驳地。

⑥ 意思是约定水不大不小时，驳至衢州。

⑦ 意思是大船如果船好，才租赁。

⑧ 意思是水小时在兰溪起驳船，水量中等到衢州再起驳，如果水大不用驳船，大船一直可到常山。约定好这些事项，才租驳船，开具驳船票。

石塘滩。黄埠左塘，十里，两岸人家。九连滩。杨石滩。朝甲汛又名鸣桥，左塘，十里。花团坝。河桥铺。双港口。陈家洲。衢州府西安县[①]上杭驿右城。百里至龙游县，贰十里至朝京。有桥，庙云：一道□□；又云：三衢天堑、水浮桥收了。此处出衢七日[②]。十五里滩有李公祠、渡王庙。苏木滩。巫山滩。地黄滩。朝京□□。鸡鸣山右塘，十里。有人家，对河有塘。樟树潭右塘，七里，有人家。孟姜村右塘，十里。有人家，对河有塘。杨步村。张德港。大帽滩。安仁滩右塘，十里，即汪家楼。背水滩。盈川潭右塘，十里，即马千步。罗汉松左塘，十里。又名坛附湾。龙圣庙。野鸭墩。施家埠。隆兴塘右塘，十里。陈家滩。金扁担山上有牌坊，昔龙游县知县所建。又名义公祠。龙游县亭步驿右塘。九十里至兰溪，十里至七都。又一水入县城[③]，四特封船[④]。河村。七都右塘，十里，山上有塔。胡村[⑤]。吴镇右塘，十里。上有巡司，有塔。邈头潭右塘，十里。杨港左塘，十里。裘家偃左塘，十里。义淳水。罗铺滩右塘，十里。叶家埠。五家穴左便（塘），十里，有人家。上横山右塘，十里。下环山。马鞍山。金华府水口[⑥]。兰溪县秀水驿右城。九【十】里至严州府，十里至汝（女）埠。大生意在此，俗云小苏州[⑦]。古有浮桥曰兰江锁轮，又云浮水凝秀。平埠有盐埠。女埠右塘，十里，有人家。湖埠。香头村右塘，十里。焦石滩。童山滩有营。金家滩右塘，十里，大即白盐测。白雁汉有营。将军岩右塘，十里。山河[⑧]滩右塘，十五里。建得（德）、兰溪分界，

---

① 西安县，今浙江省衢州市区。

② 意思是从衢州到杭州需要七天时间。

③ 一水，指灵山江，在龙游县城汇入衢江。

④ 四特封船，指前文说的“至龙游、衢州必有封船之事”。

⑤ 胡村，即湖镇。

⑥ 金华府水口，金华江流过金华府（今金华市区），在此地与衢江汇合，汇合后下游称兰江。下文兰溪县城至建德县城即沿兰江而行。

⑦ 兰溪可通过衢江西至江西，或通过金华江东至金华府，或通过兰江在建德转入新安江西北至徽州，或沿着这本路程的路线东北去杭州。因交通便利，兰溪县成为著名商埠。

⑧ 山河，即三河。

对河有曹阁书院、将军①，水浅。麻车埠。大洋埠②。上下石塘多石，冬天水浅。小洋埠有人家。羊皮步右塘，十里。泻痢滩。石□□。桐溪步左塘，五里，一水入徽州③。开化石山。严州府建德县④富春驿右塘⑤。百里至桐芦（庐），十里至乌石滩。左入屯溪、新（祁）门⑥。乌石滩左塘，十里，入七里龙⑦在此起。东溪。胥口塘左塘，十里，夜泊防盗。电汛左右有石。冷水汛十里。钓鱼台右塘，十里。有严子陵先生祠、谪星台。其扁（匾）云“千古异人”，又云“清片自古”。又对联云：绳其【祖】武⑧无双士，善与人必第一流。　昔者诗云：君为功名隐，我为名利来，羞见先生面，黄昏钓【鱼】台。鸬鹚门⑨右塘，十里，出七里龙口。油瓶嘴。六头滩大湾，多曲高滩，上下多石。冷水滩昔吕洞宾井水化为酒之处。河湾右塘，十里。鹅颈滩。上杭埠塘。桐庐县桐江驿左塘⑩。八十里至富阳，十里至九松头。此是无城池⑪、湖系，至此加牵夫。九松头十里。乌泥坑。紫埠⑫右塘，十里。窄溪右塘，十里，有人家。铜洲十里，有人家。横山寺。新店右塘，十里，有人家。康山。汤家埠左塘，十里，夜泊小心。上桥村。鹿山（?）。富阳县会江驿左城。百里至杭州，十里至大岭头。夜泊，一路防盗至杭州。大岭头即鹊山嘴。左塘，十里。梭山又名庙山。左塘，十

---

① 将军，即前文“将军岩”。

② 大洋埠，今建德市大洋镇。

③ 桐溪步，今名桐溪坞村，是兰江、新安江汇合之处，入徽州之水是新安江。

④ 建德县，此处是今梅城镇，清代民国老县城，20 世纪 60 年代才搬至今县城。

⑤ 右塘，指富春江。兰江与新安江汇合之后，下游称富春江。

⑥ 左入，指新安江从兰江左岸汇入。沿新安江可到达屯溪镇、祁门县，“新”“祁”草书比较接近，“新门”应是“祁门”。

⑦ 七里龙，即七里泷。此段富春江滩多流急，逆水行舟尤为困难，俗称“有风七里，无风七十里”，意思是有风时速度快，只花相当于七里路程的时间；无风时速度慢，要花七十里的时间。这段水路因此叫作七里泷。

⑧ 绳其祖武，出自《诗经·大雅·下武》。

⑨ 鸬鹚门，即芦茨，芦茨溪汇入富春江处。

⑩ 左塘，是富春江的支流分水江。

⑪ 无城池，清代桐庐县城没有修筑城墙。

⑫ 紫埠，即柴埠。

里，三县分界①。平安桥左塘，十里，有人家。渡船头左塘，十里。义桥口入绍兴【走】此长道。虎爪山右塘，十里。鱼脯口②左塘，十里，又名巡盐司。烂泥汉左塘，五里，右便任家头。文家宴右塘，五里。潭头二十里。半板山右营。鳙鱼嘴十里。朱家桥左塘，五里。徐村五里。六和塔昔水浒时花和尚追赶方腊至此，偶值夜深，扣门借宿。夜半方腊兵败忽至此，为花和尚所擒，遂成佛③。闸口即江头④。此处当潮极大，泊宜小心。杭州府钱塘、仁和二县⑤武林驿有货投单报税，主人家徐元重等。俱是报税可包，亦不受谢⑥。过坝关口照票是他管行料理，可送些酒钱与过坝之人。上水写船则讲钱数约十六七千，上水神福一次□每名约一千或九百。在杭州写船言明，船上水手八九名，其女人多亦只养一人。如江头牵夫少，至桐芦（庐）要加。至远至严[州]必要雇足十二人可矣，到常山加长水手⑦。酒钱、茶钱约三百文，水手每名二十文过坝。美根桥。梁家桥。进城六部桥是正阳门，子口船过查验。共有三十六门，往西湖甚近。凤山门照票。武林门。德胜坝照票查验，批运过坝。西湖坝子口查验，批运过坝。写船行金四官代客写船，每担钱一百四五不等。船户一千约得五六百之间，回程不减（?）。北新关⑧右关，一百廿里至菱湖⑨。湖丝到船主家沈国宾包税□。

包数一切零星可免，则主照算不用，到关口他算多少就是多少。若写到菱湖，船价银数照□关口亦不甚盘查。若过了坝，送坝问客取查茶钱二百四十文，送坝酒钱三百文。湖丝每包秤（称）重若干斤两，除绳索三斤，每百斤银八钱五分七厘，另加秤耗⑩、

---

① 三县分界，指富阳、余杭、钱塘三县。

② 鱼脯口，即渔山埠。

③ 事见《水浒传》第119回《鲁智深浙江坐化》。

④ 江头，也叫江干。客船在此处停泊，货船需上北新关。从杭州去常山方向的货船，无须停北新关，在江头装船。

⑤ 钱塘、仁和二县，杭州府附郭有钱塘、仁和两县。

⑥ 意思是给代理报税的中介付的费用已包含酒钱茶钱，无须另外付。

⑦ 从“上水写船”至此句，是从杭州出发去江西的须知。

⑧ 北新关，通向京杭运河，交通便利。本书第23篇《办杂货路程二》之《苏州府往杭州府路程》中有“钱塘江边台（抬）头望，货船俱到北新关”，可见运达杭州的货物，无论南来还是北来，均要在北新关停泊。

⑨ 菱湖，今湖州市菱湖镇。采买湖丝应当是在菱湖，下文没有写去往菱湖的具体路程。

⑩ 秤耗，计秤之后多收取以备耗折的钱。

单帮挑运坝船，总计约洋钱三元左右。近日总计，每包税银九钱四五分，折纹银每百两扣水一两七钱①。另坝船每只帮篙②，一名每八十文，酒钱廿文。送至西湖坝，则将照票交与坝船，他自回可与些酒钱，俱坝船帮篙酒钱的③。

粤省至浙江省路程全部终，共计路四千四百里。④

韶关报税各物要规（一）

鹿皮、鹿角、鹿筋，每百斤三钱三分八厘四毫。

肉果、豆蔻、红花，每百斤壹钱八分三厘六毫。

大呢、海虎皮，每百斤三两六钱零六厘。

乌木、金线、锡器、洋磁、铜器，每百斤壹钱五分。

花梨、铁梨、角器、酸木、三弦、牛皮，每百斤壹钱一分七厘。

象牙、翠器、朱砂，每百斤壹两四钱四分六厘。

银朱、大青、白蜡，每百斤壹两四钱四分四厘。

棉细、丝棉、丝吐，每百斤七钱贰分四厘。

粗木器、木梳、椰壳，每百斤贰分七厘六毫。

茧细，一百斤二两四钱三分四厘。

青纱缎，每百斤壹两七钱贰分六厘。

棉器、布器，每百斤一钱八分。

夏布，每匹七厘八毫。

粗漆器、料器、纸器、槟榔，每百斤四分贰厘。

檀香，每百斤六钱。

---

① 扣水，也叫贴水，银子成色高的一方给低的一方打折扣。这句是说，税银一百两要扣水一两七钱，即九十八两三钱等于纹银一百两。税额九钱四、五分要除 0.983，才等于交纳的纹银数。

② 帮篙，指船上撑篙的工人。

③ 意思是帮篙工人的酒钱也在前述酒钱内。

④ 本篇是典型的商路，可反映货物的流向。至于山西人来到杭州的路程，即商人从家乡外出的路，可参看本书第 22 篇《办杂货路程一》、第 23 篇《办杂货路程二》。

描金器，每百斤壹钱壹分五厘。

藤器、矾石、柴木，每一百斤贰分八厘六毫。

韶关报税各物要规（二）

绒线、海虎、玻璃、锦缎、哔叽、太平貂、茧紬、帽绫、绉紬、细香料、羽纱、麝香、人参、海骝、水獭、冰片，旧例二两五钱于七年改，以上每百斤税银三两一钱四分二厘。

红纬、红绒、草鞋、粗茧紬、三公茧，每百斤税银贰两五钱。

纱缎，百斤银一两七钱二分。

茧布，百斤银一两八钱。

玛瑙，百斤银一两八钱。

蜜蜡，百斤银一两六钱。

铜锅铁，百斤银一钱五分。

乌木器，百斤银……

磁器、洋靛、冰糖、西洋布、金线，百斤税银壹钱五分。

酸木器、牛皮器、牛角器、梨木器、描金器、黄杨梳、潮烟、海参、苧麻线、蟹肉，以上每百斤税银壹钱壹分七厘。

翠器、象牙器、朱砂，每百斤税银壹两四钱四分六厘。

大青、银朱、白蜡，每百斤税银壹两四钱四分四厘。

烧料、粗香料、藤篾、果皮、牛胶、草席、槟榔、细纸器、粗漆器，以上每百斤税银四分六厘。

玉器，每件银四分。

头发、芝麻，每百斤贰分七厘六毫。

粗石器、竹器、毛掸子、纸器、柴木、马前子、三奈、粗木器、桂皮，以上每百斤税银贰分七厘六毫。

大坛烧酒，每坛税银二分五厘六毫。

桂露花油，每百斤税银壹两壹钱壹分六厘。

云母器、蜡丸、紫榆木、紫檀木、珊瑚米珠、燕窝、藕粉片，以上每百斤税银壹两壹钱壹分六厘。

大呢，每百斤税银三两六钱零六厘，每匹银八钱，壹匹算四件料，每件银贰钱。

哂叽，每匹税银三钱，上五十以八扣算。

檀香，每百斤税银六钱。

珍珠，每百斤银二钱。

佳文席，每一张银一分四厘。

藤丝台，每百顶一钱二分六厘。

秋帽台，每百顶银四钱八分四厘。

降香，每百斤银一钱六分七厘。

豆蔻，每百斤银一钱八分三厘六毫。

绫缎鞋，每百双税银七钱五分。

石青，每百斤税银二钱五分六厘。

丁香，每百斤税银六钱一分七厘。

砂仁，每百斤税银三钱二分。

布器，每百斤税银一钱八分。

棉绌，每百斤税银七钱二分四厘。

肉果，每百斤银一钱八分三厘。

夏布，每百斤税银七钱八分。

斜布，每……

棉布，每百匹银四钱四分五厘。

氆氇，每一件税银三分。

洋兰布，每匹……

玻璃枳，每百斤银一两一钱一分六厘。

黑铅，每百斤税银一钱一分七厘。

枝园，每百斤……

姜黄，每百斤税银二分七厘六毫。

樟脑，每百斤税银三钱六分四厘。

鱼翅，每百斤一钱一分七厘。

帽缎，每百斤税银二两五钱。

帽绒、红纬、红绒、天青帽缎，以上税银百斤贰两五钱。

玛瑙、蜜蜡、琥珀，以上百斤税银一两七钱五分九厘五毫。

珊瑚、银母、燕窝、紫榆、紫檀、沉香，以上百斤税银一两一钱一分六厘。

绒线、玻瑙（璃）、香料、人参、线紬、湖紬、绫罗、紬绢、丝绸、羽毛、哔叽[①]、锦缎、海虎，以上每百斤税银三两……

从广出粤海关挂号各物要规[②]

大呢，每板银一钱九分二厘，每丈省三分六厘，佛山一分二厘。

羽毛，每丈省一分二厘，佛山三分六厘。

哔叽，每匹省三分六厘，佛山一钱二分。

珍珠，每斤省三厘六毫，佛山六厘。

檀香、点铜、鱼翅，每百斤省一分二厘，佛二分。

洋青、燕窝、肉果，每百斤银省一钱二分，佛山贰钱。

翠毛，十张省一分二厘，佛二分。

---

① 哔叽，即前文的“哔叽”，一种纺织品名称，英文词语 serge 的音译。

② 这一段商品都是洋货，以下是在广州城交税的规则，每一种商品都可在前面两段《韶关报税各物要规》中找到。这就是说，从广州进口的洋货在内地通行至少交了两次常关税，这是1858年《天津条约》签订之前的情形。

珊瑚，每斤省三厘六毫，佛一分。

珍珠……分。

玻璃，每七寸省一厘，佛二厘，如大一寸者照数加一倍算，无水银者以吹光算。

吹光片，每百斤省一分，佛二分。

洋参，每百斤省一钱二分，佛二钱。

水獭皮，每张省一分二厘，佛五分；小皮，以八扣算。

芝麻貂，每张省一分二厘，佛三分；小皮，以八扣算。

海骝皮、海虎皮，省每张一分，佛二分。

槟榔，每百斤省一分二厘，佛二分。

燕窝名

嘛喇葛，顶上。把实，中上。青燕，中。直葛，次。苏啰，下。毛燕，下下。

【略】

税……滩师要。辣口滩滩左塘，十里。老虎板……上有人家，十里。湾头滩九十里三抛在此起。獭……[1]

[1] 这几个地名在一残页上，缺损严重，与前后衔接不上，是指韶州城上游的辣口滩、老虎板滩、湾头滩。文本与前文相似又有不同，这可能是路程书的另一个版本。

二、光绪三十二年西域边国朝之禁地路程本[①]

日顺新[②]记

羽织物子口税[③]

羽毛，每板税银子口三钱九分，卡口二钱一分八厘七毫五丝[④]，损[⑤]大钱一百四十文，入栈钱二十个，上船钱二十四个。

羽绫，每板税银子口一钱五分五厘，卡口一钱二分二厘五毫，损大钱[⑥]玖十文，入栈力钱十个，上船力钱十个。

羽绌，每板税银子口一钱三分六厘五毫，卡口八分五厘七毫

① 选自《晋商史料集成》第70册第601—642页同名文书。《晋商史料集成》的整理者用了“光绪三十二年”作标题，是依据文书中的“丙午”年推算出来的。本篇在整理过程中充分参考了王茂华的点校本，见王茂华《〈西域边国朝之禁地由从〉整理与分析》(《丝绸之路研究集刊》第4辑，商务印书馆2019年版，第20—32页)。

② 日顺新，应当是字号名。

③ 标题为本书整理者加。下面7种织物统称羽织物，多属棉织品，或棉毛交织品，因光泽如鸟羽之毛而得名，见陈稼轩《实用商业辞典》(商务印书馆1935年版，第290页)。1935年羽绫的国产货渐多，其他几种还主要依靠进口，在清代羽织品均为进口商品。

④ 子口税、卡口税，进出口商品在子口、卡口交的税。

⑤ 损，征收税时的浮收，多取一些钱以备损耗。

⑥ 大钱，咸丰年间新疆开铸“当十”“当五十”等大钱，见《精河金融志（1986—1995）》(《精河金融志（1986—1995）》编纂委员会编，新疆人民出版社1997年版，第63—64页)。

五丝，损大钱六十文。

羽布，每板税银子口一钱，卡口七分，损大钱六十文，入栈力钱五个，上船力钱六个。

羽缎，每板税银子口三钱五分，卡口二分七厘，损大钱一百八十文。

羽纱，每板税银八分五厘七毫五丝，损大钱六十文。

羽绉，每板税银八分五厘七毫五丝，损大钱七拾五文。

路程要略[①]

试验幼学经书，每多反而自愧。窃思昔日堂上，反恶今日馆下之踌。余自幼游方以来，未识路程。今丙午[②]冬月迪化贸易，觅得路程一卷，名曰《西域边国朝之禁地》。由从忻至哈什南台又至迪，沿途远站、各处材水广缺、台卡[③]验票、有国家安各城设税例、诸杂货物抽税轻重，各有等项分明。用之书必须苦读深知其味，真地理图策（册）也。异日携于家属，如子孙有商者，遂付梓之一睹便知，真乃传家之宝藏焉。

开列于后：

忻州至太原府，共路壹百四十里。

太原府至汾州府[④]，共路贰百贰拾里。

汾州府至宁条梁，共路八百壹拾里。

宁条梁至中卫县，共路陆百柒拾里。

① 标题为本书整理者加。本篇地名主要依照林则徐《壬寅日记》《乙巳日记》（《林则徐集·日记》，中华书局 1962 年版，第 406—451 页）和陶保廉《辛卯侍行记》卷三（中国国际广播出版社 2016 年版，第 96—144 页）修正，还参考了七十一椿园《西域闻见录》的相关资料（姚晓菲：《明清笔记中的西域资料汇编》，学苑出版社 2016 年版，第 119—187 页）。

② 丙午，指光绪丙午年，即 1906 年，具体考证见本书前言。

③ 台卡，清代设在新疆、蒙古的邮驿，专管军报和文书的传递。

④ 汾州府，今山西省汾阳市。

中卫县至凉州府[①]，共路陆百四拾里。

凉州府至肃州城[②]，共路八百柒拾里。

肃州城至哈蜜城[③]，共路壹仟伍佰九拾五里。

哈蜜城至膫墩[④]，共路贰佰九拾里。

膫墩至吐噜番[⑤]，共路一仟贰佰四十里。

吐噜番至哈喇沙[⑥]，共路八百五十里。

哈喇沙至库车城，共路九佰四拾里。

库车城阿克苏，共路陆佰八拾里。

阿克苏至哈叶嘎尔[⑦]，共路一仟四佰六十里。

哈叶嘎尔城至迪化州[⑧]，共路一仟伍佰八十里。

迪化城至伊犁城，共路一仟五佰零伍里。

忻州城至哈叶嘎尔路程[⑨]

开列于后[⑩]：

---

① 凉州府，今甘肃省武威市。

② 肃州城，今甘肃省酒泉市。

③ 哈蜜城，即哈密。

④ 膫墩，即瞭墩。

⑤ 吐噜番，即吐鲁番。

⑥ 哈喇沙，即后文哈喇沙尔，又译喀喇沙尔。

⑦ 哈叶嘎尔，即喀什噶尔，也即序言中的“哈什”。

⑧ 哈叶嘎尔城，应改为哈密城，一则喀什至迪化路程远不止 1000 里，现代走高速公路尚需 1000 余公里；二则 1580 里的长度恰与下文《又哈蜜走迪化路程》共计 1580 里相符。

⑨ 乾隆时期开始，新疆成为甘肃茶引的行销之地，喀什噶尔等十二处归甘司销茶纳课，见何强《边政与财政：边疆治理视域下的清代茶叶边销模式》（《湖北大学学报（哲学社会科学版）》2022 年第 2 期）。本篇的作者面对重重困难也没有沿途洒卖，是因为官府指定了销售区域，必须把茶运到喀什噶尔。

⑩ 本段和下面两段为详细路程。一般是每列书写两段路程，也有一列只写一段路程的。每一列一般是一天之内所走路程，即一站。如从嘉峪关至哈密的路程分十八列书写，林则徐《壬寅日记》记录“哈密距嘉峪关一千五百余里，本应作十八站行”，恰与这本路程十八列文字相符。也有一列文字为两站的情况，如《又哈密走迪化路程》多为两站写为一列。这本路程的抄写格式有其规律，本篇整理时仍然保留原文书的抄写方式。

忻州至黄土赛[①]，八十里。黄土赛至太原府，六十里。

太原府至晋祠，五十里。晋祠至清原县[②]，三十里。

清原县至交城县，四十里。交城县至文水县，四十里。

文水县至汾洲（州）府，六十里。汾洲（州）府至吾城[③]，玖十里。汾州府走宁条梁不能行车，要顾（雇）高脚[④]。吾城主（住）店要小心。

吾城至永宁州[⑤]，八十里。永宁州走薛村，过三十二道青龙河。

永宁州至薛村，八十里。又过青龙、柳林镇[⑥]，要小心。

薛村至虎儿焉，八十里。薛村出去三十里，有军铺河[⑦]。此处过去，河东山西、河【西】陕西。水浪大，要小心。虎儿焉走绥得（德）州，路过新店[⑧]，出去有一无定河，河东新店，河西绥得（德）州。

虎儿鄢至绥得（德）州，八十里。绥得（德）州至苗家坪，五十里。绥得（德）州走苗家坪，要过七十二变小里河[⑨]，切计夏天不可走河，怕发大水。苗家坪至周家峪，八十里。

周家峪至孙家石湾，九十里。孙家石湾至丘家坪，九十里。

---

① 黄土赛，即黄土寨。解放战争时期阳曲县人民政府移驻黄土寨（今黄寨），县治一直沿袭至今。

② 清原县，即清源县，在今清徐县清源镇。清乾隆二十九年（1764），清源降为乡，隶属徐沟县管辖。

③ 吾城，即吴城，今吕梁市吴城镇。

④ 高脚，晋商称骆驼为高脚。

⑤ 永宁州，今吕梁市离石区。

⑥ 柳林镇，今柳林县城柳林镇。

⑦ 军铺河，指黄河的军铺渡口，不是另外一条河，军渡为黄河重要渡口。

⑧ 新店，今绥德县城东的辛店。

⑨ 小里河，今名小理河，在下文的周家峪之东汇入大理河。从绥德至苗家坪经过的是大理河，不是小理河。大理河为无定河的支流，故有“七十二变”之称。

丘家坪走出有杜家大台，有税厅[①]，要上税。

丘家坪至镇境[②]，玖十里。五家台（?）[③] 开壹税单到镇境交，切计。[未] 未到镇境有一小河，名曰红柳河[④]，上有板桥。夏未完，若无桥万要不走，此处起身要小心。

镇境至宁条梁，玖拾里。

宁条梁至安远，七十里。安远至砖井，陆拾里。

砖井至红庄，柒拾里。红庄至红柳沟，叁拾里。

红柳沟至大水坑，陆拾里。大水坑至惠安堡，陆拾里。

惠安堡至水头儿，柒拾里。

水头儿至大河子水，八十里。大河子水至宁安堡，柒十里。

宁安堡走中卫县有两条路：一条走黄杨湾过黄河，一条走仙人桥、五白湖过黄河。水平[⑤]至中卫县一佰一十里，此处宁夏管。到中卫住大店，或雇车或雇脚。出去有一沙山，卅里远近，靠黄河山处有一饭馆，打街遇大风万不可走。

宁安堡至中卫县，一佰一十里。中卫县至长流水，柒十里。

长流水至甘摊子，八十里。甘摊子至营盘水，六十里。

营盘水至白墅子，六十里。白墅子至萝卜岭，九十里。出去有九沟十八坡。

萝卜岭至大靖，七十里。大靖至土门子，九十里。

---

① 税厅，管理货物纳税。从此开始至嘉峪关不断有税厅的记载，只有运货才需在税厅交税。起点至此地途经的所有地点都未记录装货，表明从忻州已经装货上车。山西不产茶，忻州以南路段的运输由其他商人完成。同治六年（1867）绥远城将军奏折："此项千两珠兰茶，专有茶商由建德贩至河南十家店，由十家店发至山西祁县、忻州，由忻州而至归化，转贩与向走西疆之商，运至乌鲁木齐、塔尔巴哈台等处售卖。"（中华书局编辑部、李书源整理：《筹办夷务始末（同治朝）》，中华书局 2008 年版，第 2289 页）。虽然说的是从忻州向北运往归化，但说明了茶产地在哪里、走哪条路线到忻州。

② 镇境，即镇靖，镇靖堡在光绪年间为靖边县城。

③ 五家台，怀疑此地名为"丘家台"，上一条作者小注说杜家大台有税厅，这一条小注的"五家台"应为地名，指开税单处，可能是"丘家台"错抄为"五家台"。

④ 红柳河，今名芦河。

⑤ 水平，至中卫县的平均里程。

土门子至大河驿，九十里。大河驿至凉州，叁十里。

东关外有税厅，要上税，税钱进城栈房交。

凉州税至怀安驿，五十里。怀安驿至柔远驿，四十里。

柔远驿至永昌县，七十里。永昌县至水泉堡，六十里。

水泉堡至硖口驿，五十里。此处有税厅，要上税，票到山丹县交，税厅在西关。

硖口驿至新河驿，四十里。新河驿至山丹县，四十里。

山丹县至东乐堡，四十里。东乐堡至仁寿驿，叁十里。

仁寿驿至甘州府[①]，四十里。甘州府至沙井驿，五十里。

沙井驿至沙河驿，贰十里。沙河驿至抚彝驿，四十里。

抚彝驿至高台县，四十里。高台县至黑泉驿，五十里。

黑泉驿至深沟驿，五十里。深沟驿至盐池，叁十里。

盐池至双井子，四十里。双井子至临水，五十里。

临水至肃州城，四十里。

肃州城至嘉峪关[②]，七十里。

嘉峪关至双井子，四十里。

如有引茶[③]，开捆搭叩。每春茶出银二分，系此处官、店家各一分[④]。此处出入车马路票，自己出钱七十文，店家出票，每张出

---

① 甘州府，今甘肃省张掖市。

② 道光八年（1828）在嘉峪关设立了茶务稽查局，稽查官、私商人售茶价格，收缴茶税。清代的官茶主要自嘉峪关出口，商茶绝大多数都经张家口和归化城两地出口，见蔡家艺《清代新疆茶务发展述略》（《明清论丛》第7辑，紫禁城出版社2006年版，第324—334页）。

③ 引茶，获得了茶引的茶，茶引上写明茶箱的数量和销售地点。此处提到了茶，嘉峪关是专收茶税，嘉峪关以东的税厅是向包括茶叶在内的所有货物征税，所以前文没有写茶叶的税额。

④ 计量单位应是斤，每斤春茶向官家交银一分，百斤交一两。古城税则（见下文“古城子章程”注）是以每百斤来定税额，细茶售价最高，税银也最高，折合每斤细茶交一分银，与此处春茶相同。

钱一百七十文[①]，外带有茶一封[②]。大老爷验看路票，验明放出关。要计年月日期，后日好回关，每人出关出钱四文[③]。

双井子至回惠堡[④]，五十里。回惠堡至火烧沟，叁十里。

堡外塔票至火烧沟，四十里[⑤]。有九沟十八坡。

火烧沟至赤金湖，四十里。赤金湖至赤【金】卫，叁十里。

赤金卫[⑥]至赤金硖，叁十里。有小卫水[⑦]，好过去。三十里井子有三家店，代有饭馆，店水好[⑧]。

赤金硖至高见滩，四十里。高见滩至［金］玉门县，五十里。到与店家验票，每人出钱八文，此处好。

玉门县至三道沟，五十里。

三道沟至八道沟，五十里。八道沟至普隆吉[⑨]，四十里。

---

① 店家起到中介行的作用。早在乾隆时期就有店家代理起票、验票，沿路各官并不亲自查验。《清实录》记载："乾隆五十六年八月辛亥，谕军机大臣等，据遣犯刘照魁供，初由肃州起路票时，系店家代恳衙役领取，所过地方，亦系各该处店家向兵役商同验票，即换给路票放行等语。除另降谕旨申饬勒保外，刘照魁经过各地方驻扎办事大臣，所司何事，过往之人所领路票，合对换给时，皆不亲身查验，竟委之店户下人，任其滋弊，似此要犯，俱混听换票放行，甚属不堪。"见纪大椿、郭平梁原辑：《〈清实录〉新疆资料辑录 4》（周轩、修仲一、高健整理订补，新疆大学出版社 2017 年版，第 2368 页）。只是从上述资料中无从得知中介费是多少，本篇从商家角度记录了店家代理开路票、收银多少的信息。

② 封，茶叶计量单位，一封为五斤。清代杨应琚《酌筹甘省茶政疏》："甘省额设茶引二万七千二百九十六引，每引行茶一百斤，交官中马，五十斤中马，五十斤听商自卖，外带附茶十四斤为运脚之费。以每五斤为一封，合计交官茶二十七万二千九百六十封，商人自卖正附茶三十四万九千三百八十八封。"见陈宗懋、杨亚军主编《中国茶叶词典》（上海文化出版社 2013 年版，第 529 页）。此处是说，每一张路票准许外带作为运费的一封茶，这一封损耗茶不交税，商人认领了多少道茶引就买多少路票。

③ 这一段是茶引制度下的过关须知，最晚写于咸丰末年。同治元年开始陕甘茶引制名存实亡，同治十三年（1874）左宗棠实行新茶法，茶引制彻底被替代，见何强《边政与财政：边疆治理视域下的清代茶叶边销模式》（《湖北大学学报（哲学社会科学版）》2022 年第 2 期）。

④ 回惠堡，即惠回堡。

⑤ 这句讲惠回堡至火烧沟的另一条路。

⑥ 赤金卫，又作赤斤卫，作为卫所乾隆时期已并入玉门县，作为地名仍叫旧名。

⑦ 小卫水，又称赤金河，同治时开始有石油河之称。

⑧ 三十里井子在高见滩以西、高见滩到玉门县之间，这一句应写入下一列，错抄在这一列。

⑨ 普隆吉，即布隆吉、卜隆吉、布隆吉尔，又译布朗吉尔。

普隆吉至双塔堡，叁十里。双塔堡至小湾子，六十里。

小湾子至安西州[①]，七十里。西边有一大河名苏抡河[②]。［西］安【西】州至地窝铺，十五里。

地窝铺至石窑子，四十里。石窑子至白墩子，三十里。

白墩子至红柳园隔[③]，七十里。红柳园隔至小泉，六十里。

小泉至大泉，三十里。大泉至马莲井，七十里。

马莲井至星星硖，八十里。星星硖至红柳园[④]，五十里。

红柳园至沙泉子，四十里。前行有一大石板[⑤]，相去十余里，白天走要小心。沙泉子至圪塔井，四十里。

圪塔井至苦水井，四十里。前行有腰站[⑥]，无水自带。苦水井至红山井，八十里。

红山井至格子烟墩，六十里。格子烟墩至长流水，七十里。

长流水至黄芦岗，七十里。黄芦岗至哈蜜城，七十里。

哈蜜城至头堡，七十里。有引茶，每斤春出钱四文，旧票验明换新票。往南走吐噜番，往北走巴里坤[⑦]。有缠头[⑧]城、汉城，尚回王，系南八城[⑨]，总营有印。

头堡至二堡[⑩]，三十里。二堡至三堡[⑪]，三十里。

---

① 安西州，民国时改为安西县，今名瓜州县。此地向正西可到敦煌，下文的路程是向北到哈密。

② 苏抡河，即苏赖河，又译布隆吉尔河、速鲁川。

③ 红柳园隔，属甘肃省，又称红柳峡，以与下一个红柳园相区别。红柳是一种耐旱的灌木，本篇有很多以红柳命名的地名。

④ 红柳园，为了区别于甘肃境内的红柳园，此处也称小红柳园。这本路程把甘肃境内的红柳园称为“红柳园隔”。

⑤ 大石板，蒙古语“山口、山岭”音译即为“达坂”，因元明清蒙古人游牧于西域，故“达坂”（本篇多称大板）之称流行于新疆地区。

⑥ 腰站，驿站的中间站。

⑦ 哈密北走巴里坤的路线，在下一段《又哈蜜走迪化城路程》中。

⑧ 缠头，清代称维吾尔族为“缠头回”“缠头”。

⑨ 南八城，哈密属于回部八城之一。

⑩ 二堡，少数民族语地名为阿斯塔纳。

⑪ 三堡，少数民族语地名为托郭栖，又译托和齐。

三堡至沙枣园，五十里。沙枣园至鸭子泉，三十里。

鸭子泉至柳树园，三十里。好水。至此前行有台卡验票，合伙送礼即行。柳树园至腺墩①，四十里。有水草，有台卡验票。前行岔路西南走十三间房②，有大风③万不可走。

腺墩至走西南路白茨水④，九十里。

从此走迪化有一小南路⑤，此是私路亦可行⑥。

走至［至］一碗泉八十里⑦，一碗泉至车谷碌泉⑧五十里，车谷【碌泉】七个井

---

① 腺墩，即瞭墩，有军台。从此地分出三条岔路，有西南路、西北路、西路。如下图所示：

东→腺墩→白茨水（西南路）→十三间房→七克胜→西
↘一碗泉（西北路）→七个井子→色皮口→西北
↘芨芨槽（西路）↗　　↘梧桐窝→七克胜→西

② 这是瞭墩分出的三岔路之西南路，为清代前中期通往吐鲁番的驿路。因常有大风，清后期驿路改走瞭墩向西再转南的路线。

③ 大风，此地是新疆著名的百里风区。《西域闻见录》“杂录”条：“辟展东之三间房、十三间房、布干台皆大风之处。凡风起，皆自西北来，先有声，如地震，瞬息风至，屋顶多被掀去；卵大石子，飞舞满空；千斤之重载车辆，一经吹倒，则所载之物，皆零星吹散，车亦飞去；独行之人畜，有吹去数十里之外者，有竟无踪影者。其风春夏最多，秋冬绝少。山皆绿石似玉，多匾长之形，击之作磬声；山上沙石为怪风之所簸扬，皆散漫成堆，突兀怪恶，不复成山形矣。每晨起，视南北两山，清朗无尘，是日必无风，如青雾漫漫，两山不见，是日必有大风，必不可行。”

④ 白茨水位于瞭墩和十三间房之间。这条西南路至此还未叙述完，后文至“白茨水至十三间一佰廿里”又接上。

⑤ 从此，指从瞭墩分路，不是从白茨水分路。小南路，是相对于哈密至迪化的正路而言偏南，此路不是从瞭墩往南走，而是从瞭墩往西北方向走。

⑥ 这是从瞭墩分出的三岔路之西北路。从瞭墩经一碗泉、车谷碌泉至七个井子的三站路，也是去往吐鲁番的驿路。真正的分岔路口在七个井子，如往西北方向到白山子，则入天山到达奇台县境，最终到达迪化；如往西到梧桐窝，则可到达吐鲁番。下文叙述这条通往迪化的小南路终点只写到大石头，可见作者并不熟悉这条路。从瞭墩经辟展、吐鲁番至迪化的路俗称为南路，南路平坦，在天山之南，气候温和。下文《又哈密走迪化路程》是为北路，相对于北路才有了南路、小南路之称。小南路较短，但大雪封山后不能走。

⑦ 至一碗泉八十里，指瞭墩至一碗泉，不是白茨水至一碗泉。

⑧ 车谷碌泉，即车毂辘泉，又叫车毂泉，有驿站，今名车鼓泉。

【子】八十里①。此三站路有贼，要小心。单人单马，万不可走。口粮须要自带，色有人家②。一站一户有水无店，惟有七个有一老爷庙③。【七个】井子白山子④八十里，通为大路⑤。白山子至色皮口⑥三十里，色皮口至色皮哨十里，色皮哨至小石头十五里，小石头至大石头十五里⑦。石头大难走，若遇大风不可走。

白茨水至十三间⑧，一佰廿里。十三间至苦水井，八十里。苦水井至七克胜⑨，六十里。

---

① 七个井子处于博格达山与巴里坤山之间的豁口，因此从瞭墩至七个井子再至大石头，并无行路难的描述。但正是这一豁口，导致了七个井子之南的十三间房成为新疆著名风区。十三间房处于吐鲁番盆地内，"春季盆地内辐射增强，增温较快，形成地区性的热低压，和盆地以外产生了很大的气压差异，造成了空气的剧烈对流，盆地内热空气上升，北方的冷空气急速南下，气流通过北部天山的缺口，迅速向盆地奔泻而来，形成强烈的西北风暴"。见钮仲勋《我国古代对中亚的地理考察和认识》（测绘出版社 1990 年版，第 100 页）。

② 色，指下文色皮口，从色皮口开始有人家。从一碗泉至白山子共有 4 站，符合林则徐所说四站无人。如去辟展方向，无须北上光华头，所以本篇说 3 站无人家，是一碗泉、车毂辘泉、七个井子这 3 站。

③ 老爷庙，指关帝庙。

④ 白山子，又名头水，与下一段《又哈密走迪化路程》中的"白山子"为同一地。

⑤ 通为大路，从白山子汇入哈密至迪化的北路大道。

⑥ 色皮口，即色必口。

⑦ 据林则徐《壬寅日记》，大石头至戈壁头（下文称光华头）还有三十里路。本篇在大石头处成为断头路。表面看起来，白山子至大石头与下文白山子至光华头是两条完全不同的路，实则此处详，下文略。此处为：白山子—色皮口—色皮哨—小石头—大石头—（光华头），下文直接从白山子直达光华头。

⑧ 十三间，即上文提到的十三间房。

⑨ 七克胜，又叫七克腾、七克腾木、齐克塔木。此处是从白茨口至七克胜的路程，瞭墩分出的西南路与北路在七克胜汇合。

瞭（瞭）墩走北路至芨芨槽①，壹佰一十里。芨芨槽至七盖井②，七十里。好水草，有巴里坤台卡③一座，此至验票，每人出钱四文。

七盖井至梧桐窝④，八十里。梧桐窝至灰井⑤，四十里。

灰井至盐池塘，七十里。此处有台卡验票，多少送些礼即好行。前有腰站，无水要自带水。

盐池塘至七克胜⑥，壹佰八十里。有台卡验票，送些礼即行⑦。

七克胜至辟展城⑧，九十里。此处水好，有城，内坐一严官，验票要钱。

辟展城至狸木心⑨，七十里，有台卡。狸木心至森金口⑩，九

---

① 芨芨槽，与下文《哈密走迪化城路程》中的“芨芨槽”为同名不同地。与小南路同样从瞭墩向西北方向走，但走了另一条路线，应当与一碗泉、车毂辘泉无法歇宿有关。这就是说，从巴里坤前往吐鲁番，可由肋巴泉转入天山南麓，经由七个井子南下七克胜，再至辟展以至吐鲁番，康熙时平定准噶尔的一次进军即取道于此，见《清代平定准噶尔》（郭沫若主编：《中国史稿地图集》，中国地图出版社1990年版，下册第97—98页）。商路不必如此绕远，本篇没有记载巴里坤南下七克胜的路线。《西域闻见录》还记载了另一条瞭墩北上天山、绕过十三间房的路线，比本篇的北路要近便。两条路线如下：

本路程的北路：东—瞭墩—肋巴泉—芨芨槽—七个井子—梧桐窝—西

《西域闻见录》：东—瞭墩—陶赖泉—梧桐窝—西

② 七盖井，即上文“七个井子”。此地是一个分叉路口，如下图所示：

东→瞭墩→一碗泉→车轱辘泉→七个井子→白山子→西北
↘梧桐窝→西南

③ 巴里坤台卡，巴里坤所辖台卡。清代制度，每个军台设章京或笔帖式管理，统于当地的将军或办事大臣，就有了“某某城辖若干军台”之说。

④ 梧桐窝，又叫胡桐窝。

⑤ 灰井，即惠井子。

⑥ 七克胜，即七克腾木，有军台。七克胜在十三间房之西，北路从北边南下七克胜，就绕过了十三间房风区。两条路在此交汇，如下图所示：

东→瞭墩→十三间房→苦水井→七克胜→辟展→西
↘七个井子→盐池塘↗

⑦ 这是从瞭墩分出的三岔路之北路，瞭墩向西北至芨芨槽，再至七个井子，转西南在七克胜与三岔路之西南路汇合。

⑧ 辟展城，今吐鲁番市鄯善县县城。

⑨ 狸木心，又叫连木齐、连木齐木、勒木津、连木沁。

⑩ 森金口，即胜金口。

十里。

森金口至吐噜番[①]，九十里。有引茶验票，每人出钱四文，验收换新票。此处甚热，系回回国，有缠头土子。

吐噜番至独岗台[②]，九十里。此处有台卡验票，送些礼即行。一处台卡，多少送些礼即行。

独岗台至托克逊[③]，六十里。此至有清钱，即换红钱[④]。前走通便红钱，清钱无用。

讬克逊至苏把什台，八十里。要白天走苏把什台沟。若大雨，怕发大水难避，要小心。

苏把什台至呵喇布拉台[⑤]，七十里。呵喇布拉台至马安桥，三十里。此处怕下大雨，要小心。

马安桥至桑树园，三十里。此处打尖无水，要住（往）南房山后走十里，有一大泉清水，好水。

桑树园至苦迷什，七十里。此处有泉水，往前走要从此带水。

苦迷什至榆树沟[⑥]，九十里。此处往南走十五里有白石头沟，

---

① 从吐鲁番分为两路，可以北上迪化州，下文是南下喀什噶尔。去往喀什噶尔的是一条形成于清中期、清末已经被遗忘的路线。《新疆图志》卷 33《食货二・茶法》："其运茶赴新疆者，一由甘肃出嘉峪关，一由山西归化城取道蒙古草地，皆至新疆古城，而后转行运销南北两路。"（袁大化修、王树枏等纂：《新疆图志》，新疆人民出版社 2015 年版，第 1231 页）。这是以古城为中心的两条茶路，如果走第一条路，从嘉峪关至古城再去南疆，需要绕道迪化再南下吐鲁番；如果走第二条路，从蒙古至古城再去南疆，也需要绕道迪化，南方省份出产的茶不必北上归化绕道去南疆，走河西走廊从嘉峪关进新疆较为近便。传统记载无法解释销往南疆的茶何必北上古城再南下的问题。路程书记录了一条从吐鲁番南下的商路，这条路最早形成于乾隆平定新疆之后，嘉庆至道光前期一直通行，道光年间变更茶务章程，在嘉峪关、古城收取茶税，一部分去南疆的商人变换路线，改往伊犁贸易。光绪、宣统时期已经不清楚哈密至喀什噶尔的商路，笼统地描述为从古城运销天山南北两路，清朝最后一年修成的《新疆图志》就代表了这种误解。

② 独岗台，又叫布干台。

③ 托克逊，又译托克三。

④ 红钱，新疆所铸之钱因颜色发红，故称红钱。红铜钱的维吾尔语音译为"普尔"，见路程书后附的维吾尔语读本。

⑤ 呵喇布拉台，又名阿哈尔布拉克，得名自泉水，有驿站。

⑥ 榆树沟，少数民族语地名为喀拉和色尔。

有水。出去走七十里有栈（?）房，要打尖。

榆树沟至乌什塔拉，一佰五十里。此处好水草。乌什塔拉至曲惠[①]，四十里。

曲惠至清水泉，五十里。此处往前是达子[②]地，要小心。

清水泉至哈喇沙尔[③]，九十里。此处是达子地方[④]，有达女王子。要小心验票，去旧换新票。出去有一大河，内有大鱼，名开都河，船度（渡）。两岸有台卡。

哈喇沙尔至哈尔哈墁台[⑤]，一佰一十里。哈喇沙尔出去，路过子女泉打尖。此地无达子，有缠头。前行有水汗大板[⑥]，不可坐车，要小心。此处验票。

哈尔哈墁台至库尔勒[⑦]，三十里。验票，此地要相夜[⑧]，最要小心。有贼，缠头多。

库尔勒至苇子墙[⑨]，七十里。验票，此地要相夜，夜晚行走不可坐车，不必远行，有鬼。

苇子墙至车尔楚[⑩]，一佰里。此路大约有一佰廿里[⑪]，前行有一大腰站，名叫野人沟，打尖。有老虎，要小心。

---

① 曲惠，即楚辉。

② 达子，清代称回族人为“达子”。下文“无达子，有缠头”，是说没有回族人，有维吾尔族人。

③ 哈喇沙尔，即喀喇沙尔，今焉耆回族自治县。

④ 嘉庆至咸丰年间，清政府从陕甘一带迁至北疆不少回族民户，因开都河水源充足，其中一些人最终定居喀喇沙尔周边。

⑤ 哈尔哈墁台，即哈拉哈爱曼台，又译哈喇噶阿瞒，有台站。

⑥ 水汗大板，指铁门关附近的达坂，临近孔雀河，应改为“水旱大板”。

⑦ 库尔勒，又译库陇勒，今巴音郭楞蒙古自治州库尔勒市。

⑧ 相夜，当是守夜之意。

⑨ 苇子墙，即喀拉布拉克台，俗称苇子墙，有台站。

⑩ 车尔楚，即库尔楚。

⑪ 前文的100里从某一底本抄来，后文的120里是作者亲自走过的，可见路程书在流传过程中不断被改易。

车尔楚至车大雅[①]，一佰六十里。车大雅至阳萨尔[②]，七十里。

阳萨尔至布古尔[③]，一佰里。此处验票，东西有桥一座，均廿里。

布古尔至阿尔巴时[④]，一佰里。阿尔巴时至托和奈[⑤]，一佰里。

托和奈至库车城[⑥]，六十里。库车城至盐巴沟，三十里。此处换新票，沟内有缠头小卡一座。

盐池城至河此尔[⑦]，一佰一十里。此处出去约五十里有大板[⑧]，到此卜（行）车有鬼。

河此尔至赛里木[⑨]，四十里。赛里木至拜城[⑩]，八十里。

拜城至下铜厂[⑪]，四十里。此处有城，大人验票前。下铜厂至上铜厂[⑫]，八十里。

上铜厂至哈喇渔滚[⑬]，一佰五十里。至拥门，七十里[⑭]。

---

① 车大雅，即策达雅尔。

② 阳萨尔，即洋萨尔，又译英噶萨尔。

③ 布古尔，即玉古尔，今巴音郭愣蒙古自治州轮台县。

④ 阿尔巴时，即阿尔巴特。

⑤ 托和奈，即托和鼐。

⑥ 库车城，今阿克苏地区库车市。

⑦ 河此尔，即河色尔。

⑧ 大板，名叫库车达坂，翻过之后进入拜城县所在的盆地。

⑨ 赛里木，即赛喇木。

⑩ 拜城，今阿克苏地区拜城县。

⑪ 下铜厂，因铜矿而设，此地原名鄂依斯，有台站。

⑫ 上铜厂，此地原名察尔齐克，今拜城县察尔齐镇。

⑬ 哈喇渔滚，即哈拉玉尔滚，又译哈喇裕勒衮。

⑭ 下一段哈喇渔滚至阿克苏缺里数，但拥门不是阿克苏的别称。从里数看哈拉玉尔滚至阿克苏也远超 70 里，《西域闻见录》记载哈拉玉尔衮至阿克苏的军台为："哈拉玉尔衮，八十里扎木，八十里阿克苏。"拥门应是距离上铜厂 70 里的一个地点。

哈喇渔滚至阿克苏[①]，离城五十里有河[②]，船渡。横巴什台出去有十里，有一河叫小河，船渡。离河廿里有腰站，叫河口尔[③]。

阿克苏至横巴什台[④]，九十里。横巴什台至养阿利克，八十里。

养阿利克至都齐台，一佰七十里。至此前行有二站，一地是四十里栏杆，一地是阿克苏台卡，都齐以上即是叶尔羌台卡[⑤]。

都齐台至十三台，八十里。此地前行来到十二［里］台，有软桥二坐（座）。到此下车，步行要小心，此桥伤人无数。

十三台至十二台，五十里。十二台至十一台，六十里。

十一台至十台，九十里。此处吃的是红水[⑥]。十台至九台，九十里。

九台至三岔桥，五十里。至此多箱买单料，往前行无人烟[⑦]。从此出去分路西南走叶尔羌，正路正南走哈什噶尔[⑧]，至此无台卡[⑨]。

---

① 阿克苏，光绪九年（1883）之前的阿克苏城在今温宿县城，光绪九年军政机构才迁到阿克苏新城（今阿克苏市），从里数看不出本篇的阿克苏在旧城还是新城。

② 河，从里程来看应是台兰河。

③ “横巴什台出去有十里”之后这三句，应抄在下一列。

④ 横巴什台，即浑巴什。

⑤ 下文路程不经过叶尔羌（今莎车县），都齐以南（以上）台卡归叶尔羌办事大臣管辖。因此说“都齐以上即是叶尔羌台卡”。

⑥ 红水，即卤水，盐类含量高的地下水或地表水。

⑦ 对比《林则徐日记》《辛卯侍行记》，哈密以东沿途村庄光绪年间比道光年间荒废了一些，本篇相应路段更接近林则徐的描述。南疆相反，林则徐在新疆时期很荒凉，新疆建省后才逐渐繁茂，本篇描述南疆驿路更接近道光时期。本篇的底本，即《西域边国朝之禁地》成书时间较早。

⑧ 方向说错，正南方向才是通叶尔羌，西南方向通哈叶噶尔（喀什）。

⑨ 至此无台卡，八台至头台是通往叶尔羌方向，通往喀什噶尔方向无台站。

三岔桥至毛栏把什[①]，七十里。至此入上大树林[②]，广有老虎[③]，有河。昼夜行路最要小心，打林不可远行。

毛兰把什至沙胡尔，五十里。沙胡尔至大车敞，三十里。

大车敞至马尾把，七十里。马尾把至小天拥，四十里。

小天拥至大天拥，五十里。大天拥至沙枣园，四十里。

沙枣园至大河拐，三十里。从毛兰把什起至此，尽是树林，并无一家人家居住。林内广有老虎，行路要掌兵器，小心。此处是缠头，人名有八抱。

大河拐至银娃娃台，六十里。银娃娃台至排坝，七十里。

排坝至大河堰，七十里。此处有大河，船渡。

大河堰至阿娃台，九十里。阿娃台至喀什噶尔，三十里。

太原府城至喀什噶尔城共路壹万零捌拾五里[④]。

又哈蜜走迪化路程

开列于后：

哈蜜至南山口，九十里。南山口至松树滩[⑤]，七十里。

南山口走松树滩，过巴里坤大板。此处冬夏下雪，即雪山也，上有雪莲。若遇冬天下雪，大小不走。雪大七八尺，雪小二三尺，此冷结（极）可怕。

---

① 毛栏把什，即毛拉巴什，又译玛喇尔巴什。

② 大树林，指胡杨林，我国的胡杨林主要分布在塔里木河流域。

③ 老虎，有三处提到老虎，均指新疆虎。胡杨林沿河分布，老虎出没于胡杨林中，捕食鹿、野猪等动物。新疆虎在19世纪末20世纪初大量减少，现已灭绝，见曹志红《历史上新疆虎的调查确认与研究》(《历史研究》2009年第4期)。

④ 在瞭墩分出的三条路中，如走西南路则全程共计9865里，如走北路则全程10 065里，如走小南路终点不是喀什噶尔，北路与总计的10 085里基本相符。这说明去南疆的商人喜欢走瞭墩北路，即使有三站无法歇宿，可以靠多带水和食物解决，西南路的强风问题无法解决，北路比西南路要安全。

⑤ 松树滩，即松树塘。

松树滩至魁树[①]，九十里。魁树至巴里坤[②]，九十里。

巴里坤至股拐泉[③]，七十里。股拐泉至力巴泉[④]，八十里。

力巴泉至勿秃水，七十里。勿秃水至芨芨槽，七十里。

芨芨槽至白山子[⑤]，五十里。白山子至光华头[⑥]，九十里。

光华头至三个泉[⑦]，八十里。三个泉至木垒河[⑧]，九十里。

巴里坤至木垒河，沿路俱有饭馆、腰站。木垒河至迪化州，即为富八站[⑨]。民地甚多，树株村庄众多，到处皆有酒甫（铺）、饭馆。五花之地，比中原更甚十分。

木垒河至奇台县[⑩]，九十里。奇台县至古城子，九十里。

古城子至济木萨，九十里。济木萨至三台，七十里。古城子安设

---

① 魁树，即奎苏。

② 巴里坤，今哈密市巴里坤哈萨克自治县。

③ 股拐泉，即骨拐泉。

④ 力巴泉，即肋巴泉。乾隆时期在肋巴泉设军台，从瞭墩北上可至此地。肋巴泉向西，形成西北和西南两条路，分别通向木垒和辟展，如下图所示：

东→巴里坤→肋巴泉→……木垒→……迪化→西
东→　瞭墩↗　　　↘陶赖泉→……辟展→……吐鲁番→西

肋巴泉向东，也形成去巴里坤和瞭墩两条路。第一条路可供巴里坤南下辟展，巴里坤在康熙时是反击准噶尔部的指挥所，南下辟展是走肋巴泉—陶赖泉一线。第二条路暂且称之为陶赖泉路，可供瞭墩北上避开十三间房风区，在陶赖泉军台迁走后，不再有人走。它主要在乾隆时期通行，和后来的小南路支线走向相仿，都是先北上再南下，可以看作小南路支线的雏形。

⑤ 白山子，与前一段《忻州城至哈叶噶尔路程》中的白山子为同一地。两条路在此交汇，如下图所示：

南→七个井子→白山子→色皮口→大石头→北
东→芨芨槽　↗　　　　　　　↘光华头→三个泉→西

⑥ 光华头，又叫戈壁头，从此地开始出天山，下面路程为戈壁。按林则徐《壬寅日记》记载，白山子经色必口、大石头可达光华头，但这本路程没有大石头至光华头的路，或许作者没走过，所以不知。

⑦ 三个泉，少数民族语地名为阿克塔斯、阿克他斯。此处是白山子经光华头到三个泉的路。

⑧ 木垒，今昌吉回族自治州木垒哈萨克自治县。

⑨ 富八站，哈密至迪化一路俗谚有“穷八站、富八站”，木垒至迪化是其中的富八站。

⑩ 奇台县，此地是老县城，光绪十五年（1889）奇台县城迁往古城，即下文古城子。

税例，诸茶各有章程[①]。

三台至紫泥泉[②]，八十里。紫泥泉至阜康县，九十里。

阜康县至黑沟，七十里。黑沟至迪化州，六十里。

哈蜜至迪化州共路壹千五佰八十里[③]。

迪化州走伊犁路程

开列于后[④]：

迪化州至昌吉县，九十里。昌吉县至呼图壁，八十里。

呼图壁至吐葫芦[⑤]，六十里。吐葫芦至马纳期[⑥]，八十里。

马纳期至乌兰乌素[⑦]，八十里。乌兰乌素至安济桥[⑧]，九十里。

安济桥至魁（奎）屯，九十里。奎屯至哈喇乌素[⑨]，六十里。

哈喇乌素至布尔哈齐[⑩]，七十里。布尔哈齐至敦木达，六十里。

敦木达至古尔圆[⑪]，五十里。古尔圆至沙泉子，四十里。

---

① 古城子章程，道光八年（1828）清政府在古城设局抽收茶税。道光六年（1826）伊犁将军拟议税则时，奏折中说："查北路运销新疆茶斤，除杀虎口、归化城二处照旧纳税外，今于古城设局收税，分别杂茶之粗细，以定税则之多寡。如白毫、武彝、珠兰、香片、大叶、普洱等细茶，每百斤定为纳税一两；安化茶、湖广合茶、小砖茶质色较粗，每百斤定为纳税银六钱；其大砖茶质色更粗，每百斤售价不过九两，定为纳税银三钱。"见中国第一历史档案馆《道光年间茶课史料》（《历史档案》1998年第2期）。

② 紫泥泉，又称滋泥泉。

③ 从小南路的路况和地名的缺漏来看，商人去迪化是直接从哈密走北线巴里坤。

④ 下文的路程是沿着天山北麓的绿洲前行。

⑤ 吐葫芦，即图古里克台卡的俗名。

⑥ 马纳期，即玛纳斯。

⑦ 乌兰乌素，即乌兰乌苏。

⑧ 安济桥，即安济海台卡。

⑨ 哈喇乌素，又译库尔喀喇乌苏。

⑩ 布尔哈齐，即布勒哈齐，又译布尔噶齐。

⑪ 古尔圆，应为古尔图，林则徐《壬寅日记》作"固尔图"。

沙泉子至沙窝头[①]，五十里。沙窝头至精河[②]，叁十里。

精河至牌坊子[③]，七十里。牌坊子至大河盐[④]，五十里。

大河盐至五台，四十里。五台至四台[⑤]，九十里。

四台至三台[⑥]，八十里。三台至松树头，四十里。

松树头至二台，贰十里。此处过大板，艰难行走，就是果子沟[⑦]。

二台至头台，四十里。头台至芦草沟[⑧]，六十里。

芦草沟至绥定[⑨]，六十里。绥定至伊犁大城[⑩]，叁十里。

迪化州至伊犁大城共路壹千五佰壹拾五里[⑪]。

伊犁大城外周八城

开列于后：

巴燕岱[⑫]，即是满营。月月关钱粮银。此处出得好蜡（腊）羊，四城市好风光。

城盘子[⑬]，即是汉营。有城市，甚不好，离城七十里。

---

① 林则徐《壬寅日记》中先至沙窝头，后到沙泉子。

② 精河，即晶河，得名于河流。民国时置精河县，沿袭至今。

③ 牌坊子，即托里台卡，俗称牌坊子。

④ 大河盐，即大河沿。

⑤ 四台，又名呼苏图布拉克。

⑥ 三台，又名鄂尔追图博木。

⑦ 从果子沟山道穿越天山，是进入伊犁河谷的几条道路之一，也是清朝人从迪化去往伊犁的必经之路。

⑧ 芦草沟，即下一段《伊犁大城外周八城》中的芦草沟，是广仁城的俗称。

⑨ 绥定，即下一段的绥定城，在今霍城县城水定镇。

⑩ 伊犁大城，即下一段的惠远城，建于乾隆年间，为“伊犁九城”之一。同治时沙俄入侵毁城，光绪时收回伊犁后，于老城北 7.5 公里另筑新城，位于今霍城县惠远镇。在今天地图上测距，惠远镇与水定镇直线距离为 7—8 公里，惠远老城与水定镇直线距离为 14 公里左右。本篇的惠远城是同治以前的老城。

⑪ 从迪化州到伊犁大城共 1510 里，约等于总计的 1515 里。

⑫ 巴燕岱，惠宁城的俗称。

⑬ 城盘子，熙春城的俗称。

金顶寺[①]，此处中原地尽头，地方有缠头土子，系回回。缠头之在外皆是外国，不能过去。出的好毡袜，市好风光，离城九十里。

以上三处俱在正东。

绥定城，此处出的鲜菜早，各样果木早。即为汉营，有城市。

塔尔济[②]，此处出的好水草，即为羊厂，亦是汉营。

霍尔寺[③]，此处有城市，即为外八旗。出的好嗦仑烟[④]，又有红藿芦。近去走四站，有汉张骞教化西城（域）石碑。

清水河[⑤]，此处好水草，即为羊厂。

芦草沟[⑥]，此处亦为汉营。

以上五处俱在正西。

惠远城[⑦]贸易人全，大清一统以及外伊等处俱来贸易[⑧]。再将各处开列于后：

---

① 金顶寺，宁远城的俗称。

② 塔尔济，即塔勒奇城。

③ 霍尔寺，又译霍尔果斯，是拱宸城的俗称。

④ 嗦仑，达斡尔族在清代被称作索伦族，新疆的达斡尔人主要居住在伊犁附近，见《清代前期民族分布（一）》（郭沫若主编：《中国史稿地图集》，中国地图出版社 1990 年版，下册第 103 页）。他们制作的烟叶叫“索伦烟”。

⑤ 清水河，即瞻德城，汉民称之为清水河。

⑥ 芦草沟，广仁城的俗称。

⑦ 惠远城，伊犁大城。《西域闻见录》“伊犁”条：“每岁例调内地银五十余万两、细缎数万匹，与哈萨克交易牛羊马匹，变价充饷。”晚清时俄国商人取代中亚商人，成为伊犁市场上的主要外商。

⑧ 这句意思是，惠远城中的商人最齐全，大清各地和伊犁以外各城的人都来此贸易。乾隆平定准噶尔部后，往来于中亚各地和新疆之间的商人渐多，其中最著名的是乌孜别克人，下文所列城市位于今乌兹别克斯坦共和国的最多。

五路司[①]，安集延[②]，塔什干[③]，和汉[④]，补化尔[⑤]，哈萨克[⑥]，红毛国[⑦]，饶盖易[⑧]，银定[⑨]，南路缠头[⑩]，不路啼[⑪]，纳忙干[⑫]，忙圪兰[⑬]，黑水国[⑭]。

【略】

---

① 五路司，即俄罗斯。“五路司”与清代以前称呼俄罗斯的“兀鲁思”发音相同。《晋商史料集成》收录的几种俄语读本，称俄罗斯为“哦啰嘶”，与清代官方文献的“俄罗斯”稍有不同，与民间的“斡罗斯”相同。《西域闻见录》“鄂罗斯”条：“乾隆二十年后，以阿睦尔萨纳之故，土尔扈特之嫌，复绝其贸易，不复与通。”19世纪早期俄商进入塔城，重启中俄新疆贸易，见徐中煜《交通态势与晚清经略新疆研究》(黑龙江教育出版社2013年版，第65页)。

② 安集延，在今乌兹别克斯坦共和国。《西域闻见录》“安集延”条：“其人率居权子母，积载货行贾，冒雪霜，犯危险，经年累岁，不获利不归，内地皆呼之为安集延回子。”

③ 塔什干，今乌兹别克斯坦共和国首都。位于东西交通要道，自古以来和中国有商贸往来。

④ 和汉，即霍罕，今译浩罕，在今乌兹别克斯坦共和国。

⑤ 补化尔，即布哈尔，今译布哈拉，在今乌兹别克斯坦共和国。《西域闻见录》“布哈拉”条：“(骨重羊)皆产于布哈拉之地。初不甚牧养，自通中国以后，大获其利。”

⑥ 哈萨克，在今哈萨克斯坦共和国。《西域闻见录》“哈萨克”条：“最喜中国之磁器、茶叶、杂色梭布，及片金倭缎之属，得之宝贵。紬、缎、绫、绢，不复爱重也……(其一)与伊犁挞拉巴哈台连界，臣服中国，每年驱其牲畜至边，交易紬缎而去。”

⑦ 红毛国，指英属印度，尤其是今加尔各答一带，本篇是指加尔各答的印度商人。乾隆时期，红毛国、披楞均指同英属印度，披楞主要指今加尔各答城，见许肖林《红毛国在廓尔喀战争中的影响分析》(《西藏研究》2020年第1期)。

⑧ 饶盖易，不详。

⑨ 银定，可能是印度，中国对印度不同地区有不同称呼。

⑩ 南路缠头，指清代新疆天山南路各部。从阿克苏向北，有军台12站可达伊犁，约500公里，这条路线沟通了南北疆交通，也会有商人沿着这条路来到伊犁。

⑪ 不路啼，即布鲁特，清代对柯尔克孜族的称呼。《西域闻见录》“布鲁特”条：“喜中国之磁器、茶、布、烟、酒，珍之如宝。”

⑫ 纳忙干，即那木干，今译纳曼干，在今乌兹别克斯坦共和国。

⑬ 忙圪兰，即玛尔噶朗，今译马尔格兰，在今乌兹别克斯坦共和国。

⑭ 黑水国，可能是黑鬼国，指英属印度。《庚申英夷入寇大变记略》：“十三日来利坚、俄罗斯、黑鬼国换约。该夷等因烧毁海淀，于一千六百万中，让三百万。”见齐思和编《中国第二次鸦片战争2》(上海人民出版社1978年版，第44—56页)。

茶叶[①]

甚么茶，你们茶。雨前茶，黑黑慢。圆珠茶，永木拉。副茶[②]，卡拉茶。芝珠茶，圪气永木拉克。珠兰茶，扣扣茶又号什普尔。熙春茶，熙春茶。窨雨前茶，锡哇克黑黑慢。大箱武茶[③]，寸三道扣茶。斤茶，塔什茶。千两茶，阿替芒什茶。小箱武茶，圪气三道扣茶。武彝茶，原叫茶。黄茶，苦克拉茶。青茶，红那克茶。瓶尔茶，萨合茶。白毫茶，阿黑苦路茶[④]。

【略】

---

① 本段是路程书后附《缠头话》的茶叶部分。路程书末尾所列的商人群体，来自费尔干那盆地的最多，他们的语言与维吾尔语同属现代突厥语。这说明作者的主要贸易对象是安集延人、维吾尔人，不是俄罗斯人、印度人。据研究，山西商人在新疆的贸易对象早期是维吾尔人，后期是俄国人，山西人或是由维吾尔人作中介与安集延人贸易，或是手持维吾尔语读本与安集延人进行最简单交流。本篇的底本也就是命名为《西域边国朝之禁地》的抄本，写作时间较早，至少早于本书第 25 篇《嘉峪关至辟展路程》。

② 副茶，即通常所说的“附茶”，是官府允许搭在引茶外一起运销的酬劳和损耗茶，见陶德臣《清代新疆茶叶贸易中的茶叶类别》（《茶业通报》2018 年第 3 期）。引茶和副（附）茶都是茶引制度下的分类，不是茶叶的某一品种，同治年间施行新茶法后，不再有这些名称。

③ 武茶，产自武夷山的茶还可贩运至新疆，这是太平天国运动之前的情况。

④ 南疆、北疆所需茶叶品类不同。《新疆图志》记载：“南路天暖，喜食细茶；北路地寒，喜食粗茶。细茶有红梅、米心、建其等名目，粗茶有砖块、大茶、帽盒、桶子等名目。”（［清］袁大化修、王树枏等纂：《新疆图志》卷 33《食货二·茶法》，新疆人民出版社 2015 年版，第 1231 页）据此看来，本段的茶不属于细茶，也不属于粗茶。实则珠兰、武彝、白毫都属于细茶，见蔡家艺《清代新疆茶务探微》（《西域研究》2010 年第 4 期）。所以本段大体都是细茶，受到南疆人民欢迎，决定了作者的贸易对象是说维吾尔语的南疆商人。

三、宣统三年东雍涌泉柳恩波记志绛州苏村至兰州、西宁路程本[①]

正面

西车大路路程

于左：

苏村[②]，十里。

泽掌，十里。

熟汾，十里。

泉掌，十五里。

杨赵湾，十，席村[③]，十五，董家庄，四十里。

---

① 选自《晋商史料集成》第70册第643—663页同名文书。

② 苏村，今山西省新绛县北苏村。

③ 这本路程多在大字地名下书写小字地名，小字是前一个大字至下一个大字之间经过的地点。如席村和董家庄是杨赵湾至翟店之间的地点，不是泉掌至杨赵湾之间的地点。

翟店一、三、五、八集，半坡，二十五里。

七庄，十，悟苏①，五。皇甫，七日集，十。乐里，五，高家庄，三十五里。

满峪口，十，和家庄，二十里。

梁家庄，十，耿家坟，十五里。

猗氏县，二十里。

眉阳镇②二、七集，十五里。

樊桥站大路，六十里。

吕芝③，二十里。

蒲州府④厘金，十里。

郝家庄⑤桃园界，三十里。

大庆渡⑥黄河，厘金，十五里。

朝邑县⑦，七，七里店，二十五，八里甫（铺），四十里。

同州府，七，七里村，十五里。

同里村过洛河，十里。

羌白，十五，石家官道，四十里。

蔺家店，十，七里店，二十里。

新店子，廿，关山，三十五里。

康桥各样火镰俱全，十五，阎良，三十里。

大程镇，十五里。

---

① 悟苏，今万荣县皇甫乡乌苏村。

② 眉阳镇，今临猗县嵋阳镇。

③ 吕芝，今永济市略芝村。

④ 蒲州府，治今永济市蒲州镇。

⑤ 郝家庄，因黄河改道此地名已不存。

⑥ 大庆渡，古代黄河重要渡口。因黄河改道，明代后期开始河东（旧）、河西（新）各有一大庆关。此处是河西之大庆渡。

⑦ 朝邑县，今大荔县朝邑镇，20 世纪 50 年代朝邑县撤并。

照渠[①]庙，三十里。

三原县[②]。

苏村至三原大路六百里[③]。

西小路路程[④]

于后：

苏村，三十里。

泉掌，二十五里。

稷山，二十五里。

北柏，二十五里。

李家庄六日集，十里。

孝原，三十里。

薛吉庄三、八集，十里。

王黑，二十里。

周王，二十里。

荣河[⑤]，十里。

黄河厘金。

榆林，四十里。

坊里，二十五里。

---

① 照渠，即赵渠。

② 大庆渡至三原县的路线，又见本书第6篇《清代重庆府至京都路程》。到达三原后，沿着下一段《西小路路程》可到礼（醴）泉县，再沿下文《礼泉至安定南路》，可到安定、兰州。本段《西车大路路程》与下文《西小路路程》的不同在于，前者是去三原的车路，后者是去三原的小路。

③ 从苏村到三原县共585里，600里大概是凑整的说法。

④ 这是从家乡出发去西宁商号的路程书，途中不需装车运货。本篇在大车路以外，记录几条小路，供抄近道时选择。

⑤ 荣河，指清代荣河县城，在今万荣县宝井村，紧邻黄河。民国时县城搬离此地，荣河今已撤并入邻县。

北番津水沟①，五，马村，五，茶房，五，吴庄，二十五里。

露井镇②单日集、七日会，二十里。

西观求子，十里。

醍醐，十五里。

临皋③过桥，十，永丰过河④，十五里。

曲里，十五里。

孙家店，十里。

保乃凹，十里。

温家园，五里。

蒲城⑤好柿饼，十五，桥，二十五里。

兴市镇⑥四、八会，十里。

党定村，五里。

苏里，十五里。

倒贤镇，十，油店子，廿里。

王寮镇，二十里。

富平县，三十里。

瓦窑头，廿，半节塔，三十里。

三原县，十里堡，二十里。

汉堤洞，二十里。

周家道，十里。

---

① 津水沟，即金水沟，黄河的支流。

② 露井镇，今陕西省合阳县路井镇。从苏村至此地还有一条小路，见下文《苏村至露井小路》。

③ 临皋，在渭河的支流洛水东岸，下文《过雷村河分路》从此地启程，去往山西的吕芝村。

④ 河，指洛水，或名北洛水。在永丰镇渡过洛水，到西岸。

⑤ 蒲城，指陕西省蒲城县。

⑥ 此地有岔路：一是沿下文《兴市镇至窑店小路》一直向西，可至陕甘边界；二是沿本段路程向西南到礼泉，再向西北至陕甘边界，虽绕远，但路况要好。

临泾河，厘卡，三十里。

西张堡，廿，裴旗，三十里。

礼泉县[①]，苏村至礼泉六百六十里。

礼泉至安定南路[②]

于左：

礼泉县，廿，王乌村，五十里。

大比沟[③]，二十里。

新店子，十，孟家店，十，具村[④]，廿，四十里。

法门寺，十五，青华[⑤]，廿，仪店，卅，六十五里。

龙尾沟，八，砚王沟[⑥]，十二，二十里。

岐山县，廿，二十堡，卅，五十里。

凤翔府[⑦]，二十里。

柳林铺，卅，黄里镇，山，五十里。

汧阳县[⑧]，柜，廿五，寇家河，十五，草碧[⑨]峪，十，五十里。

曲家河，廿，杜阳柜，廿，四十里。

陇州[⑩]，十五，神麻甫（铺），五，神泉，十，三十里。

曹家湾，廿，岔口，十，三十里。

---

① 礼泉县，清代民国时期正式县名为醴泉，20 世纪 60 年代才改为礼泉。改名之前，民间通常写为“礼泉”。

② 相较于下文《上西南大路路程》，本段路线偏南，称之为“南路”。

③ 大比沟，即大北沟。

④ 具村，即车村，车音 jū，讹为具村。

⑤ 青华，即青化。

⑥ 砚王沟，即砚瓦沟。

⑦ 凤翔府，今陕西省凤翔县。

⑧ 汧阳县，20 世纪 60 年代改为千阳县。

⑨ 草碧，即碧草。

⑩ 陇州，今陕西省陇县。

故关镇，四十，山顶，十，五十里。

马龙[①]铺岭界[②]，廿，闫家店，廿，弓门镇，廿五，六十五里。

张家川[③]厘金，上报下验，三十里。

龙山镇，廿，马家河，十，陇城，廿，五十里。

邵家店，廿，莲花城，验，廿，四十里。

任大川，五十，魏家店，廿，铁柜尔，十五，八十五里。

史家川，十五，尤家店，二十五里。

碧玉镇/门关[④]，廿三，硖门口，三十里。

通渭县验，十，新店子，山，廿，坡尔川，五十里。

马营镇厘金，上报下验，二十里。

牛营，十五，小郭店，十，店子上，五，三十里。

红土窑，十，花家堡，二十里。

麻子川，五，李家堡，二十五里。

金家口，十，金家店，二十里。

安定县[⑤]大路，二百四十里[⑥]。

兰州省，礼泉至安定共壹仟里[⑦]。

苏村至露井小路[⑧]

于后：

---

① 马龙，即马鹿。

② 岭界，山岭为陕甘二省的分界，接下来的路程进入甘肃省。

③ 张家川，新中国成立后以张家川为县城置县。

④ 碧玉镇/门关，意思是此地叫碧玉镇，也叫碧门关。

⑤ 安定县，今甘肃省定西县。

⑥ 此处略去安定县至兰州府路程，具体路线参看下文《上西南大路路程》。

⑦ 从礼（醴）泉县到安定县共1005里，1000里是凑整的说法。

⑧ 前文《西小路路程》包含苏村至露井的一条路线，是从荣河县过黄河。本段是另一条从夏阳过黄河的路线。

苏村镇，十，泽掌，十，熟汾，三十里。

泉掌镇，十，太土①，二十五里。

稷山县，二十五里。

北坡，二十五里。

李家庄，十里。

孝原，廿五，丁樊，四十里。

贾村庙三、七集，二十里。

杨庄，十，原尔村，二十里。

孙吉镇，十五，程村，四十里。

吴汪，十，黄河，厘金，十里。

夏阳，二十里。

新池村，十五里。

北番过津水沟，二十五里。

露井镇单日集，二十里。

西观求子。苏村至露井共三佰里②，过夏阳河③。

兴市镇至窑店小路④

列后：

兴市镇，十五，美原，十五，任张村，廿，五十里。

曹村九日会，十，雷村，二十五里。

三条沟，二十五里。

---

① 太土，今稷山县太杜村。

② 从苏村镇到露井镇共 325 里，300 里大概是凑整的说法。

③ 夏阳河，因在夏阳村汇入黄河而得名，今名徐水河。

④ 本段路程，东接上文《西小路路程》中绛州至兴市镇段，西接下文《上西南大路路程》中窑店至兰州段。

耀州[①]扯面，廿，申家河，三十里。

牛村，二十里。

蒿圪塔，十，寺坡，十，湾里，十，白土坡，十，四十里。

照金二日会，十，暗门，三十里。

年梁尔，四十，古芦，六十里。

张洪镇二、五、八集，十，百子沟，寺店原，白吉原，六十里。

王安，廿，权家河，四十里。

凤头，厘金，五十里。

窑店，投大路，陕甘界。

兴市镇至窑店投大路共四百三十里。

过雷村河分路[②]

由：

临皋，五十里。

两女镇十五，辛村，三十里。

大庆关[③]对岸，黄河，厘金，十里。

蒲州府，十五里。

吕芝。临皋至吕芝一百零五里，东至樊桥站。

渭南至三原小路[④]

于后：

---

① 耀州，今陕西省铜川市耀州区。

② 本段路程，东接上文《西车大路路程》的樊桥站至苏村段，西接上文《西小路路程》的临皋至礼（醴）泉县段，是连通大车路和西小路的一段路。

③ 大庆关，此处指河东之大庆关，才与里数相符。

④ 本段路程，西接上文《西小路路程》的三原至礼（醴）泉段，东接下文《上西南大路路程》的绛州至渭南段。

渭南县十五，黄家屯，三十里。

张家临河子，二十里。

卸马寨，五里。

交口，过渭河，十里。

韩家店，十，新寺，三十里。

高陵县，廿五，桃柳村，四十里。

三原县。渭至原一佰三十五里。

【略】①

反面

上西南大路路程

于后：

绛州②城初二、初八、十四、廿、廿六集，十里。

三家店，三十里。

卸店庙③，三十里。

闻喜县煮饼有名，二十里。

小郭店，二十里。

水头镇，廿，王樊，三十里。

将军庙，二十里。

① 后文为药方。

② 绛州，民国时改名为新绛县，县名沿袭至今。

③ 卸店庙，即薛店庙。

北相镇，廿，李汗[①]，三十里。

牛杜村[②]，五，香落村，油庄，廿里，起任[③]，四十里。

樊桥站，十，青阳堡，二十里。

七级镇，十二里。

白铺头，十三，高市，二十八里。

吕芝此小路走王庄，斜出好柿子，三十五里。

朝阳镇[④]，十，新店子，十，夏阳，三十五里。

合河镇[⑤]黄河界，厘金，十五里。

潼关[⑥]，厘金，十里。

吊桥三、六、九集，十，泉店，二十五里。

华阴庙[⑦]，五里。

华阴县，三十里，店店。

敷水一、五集，二十里。

柳子一、六集，十里。

罗文桥，十里。

华州[⑧]，七，店，十，店，二十七里。

赤水双日集、三日会，十，新寺，二十三里。

渭南县一、六集，四十里，店店。

临口[⑨]，二十里。

---

① 李汗，即李汉。

② 牛杜村，即牛渡村。

③ 起任，即祁任。

④ 朝阳镇，即韩阳镇。

⑤ 合河镇，今芮城县匼河村，属山西省，在黄河左岸。

⑥ 潼关，指潼关县城。

⑦ 华阴庙，是西岳庙的俗称，又称华岳庙。

⑧ 华州，民国时改为华县，今渭南市华州区。

⑨ 临口，即零口，因位于零水出谷之口而得名。

新坊镇[①]一、七集，二十里。

临潼县南门外有塘，十里。

斜口，廿，霸桥[②]，十，浐桥[③]，十，四十里。

西安省，二十里。

三桥，三十里。

咸阳县，四十里。

店张驿三、七、十集，三十里。

礼泉县[④]，廿，杨家庄，三、六、九集，三十里。

六陌，上，十五里。

铁佛寺，五，辛宜村，十，马市，安宁国桥大麻花，三十里。

监军镇[⑤]，二十里。

小蒿店，二十里。

上。

永寿县[⑥]，五，分水十里甫（铺），二十里。

塬坡，下，十，地窑沟，石路不好走，二十里。

太峪，上，廿七，三里台，下，三十里。

邠州[⑦]贡梨，十，水廉洞[⑧]，二十里。

大佛寺过水，枣尔（儿）木梳，二十里。

亭口，上，廿五，冉店，八，七里店，四十里。

---

① 新坊镇，即新丰镇，“马周困新丰”典故的发生地。

② 霸桥，即灞桥，灞河之桥，今西安市有灞桥区。

③ 浐桥，浐河之桥。浐河是灞河的支流，灞河是渭河的支流，浐河、灞河均为西安城的重要水源。

④ 礼（醴）泉是一个岔路口：一是本段路程所记从渭南至此，二是上文《西小路路程》所记从三原至此，三是上文《礼泉至安定南路》从此地至安定、兰州。

⑤ 监军镇，民国时成为永寿县城。

⑥ 永寿县，指永寿县老县城，在今永平镇，民国时县城从此地移至监军镇。

⑦ 邠州，今陕西省彬县。

⑧ 水廉洞，即水帘洞。

长武县，原，厘金，三十里。

窑店三、五、八集，十五里。

陕甘界。

瓦云驿二、四、七、九集，十五里。

高家坳一、三、五、八集，三十里。

圪塔关[①]下，十里。

泾州[②]蒸馍，厘金，上报下验，三十里。

王村一、四、七集，十二，八里塘，二十里。

花所镇，十，十里甫（铺），泾至白九十三里，二十里。

白水驿，廿，眉现③，十，四十里堡，七十里。

平凉[④]厘金，上验下报，十八，堡，七，页河子，四十里。

安国镇，二十五里。

蒿店，五，三关口，十，堡，二十五里。

有硖，迟不敢走。

瓦亭驿，十，堡入，至和尚堡出，十五里。

和尚堡，上十五，下五，六盘山，老爷庙，二十里。

杨家店，十五里。

隆德县，五堡，十堡，廿，沙塘，三、六、九集，四十五里。

神林堡，十五，乱柴堡，二、五、八集，四十五里。

有峡过水。

静宁州[⑤]，十五，官道岔，十五，祁家大山，三十里。

孙家沟，十五里。

---

① 圪塔关，即疙瘩关。

② 泾州，今甘肃省泾川县。

③ 眉现，即郿县，今为眉县。

④ 平凉，指平凉府，今甘肃省平凉市。

⑤ 静宁州，民国时改为静宁县，沿袭至今。

高家堡，十五，界石人，十五，礶子硖①，四十五里。

青降驿②一、四、七集，利济桥、履顺桥，十，大山川，太平店，四十五里。

翟家所，廿，上场共六个平政桥，河，六十三里，四十五里。

会宁县有河过水，二十里。

鸡尔嘴，廿五，新造沟，四十里。

西巩驿，八，王公桥，三十里。

青岚山走小路过马家秦川，至十八甫（铺）二十五里，三十里十五、五、五。

安定县③厘金，内报十八堡，外验廿堡，四十里。

巉口验票，二十里。

秤钩驿上，十，平滩岘，十，景家泉，十，高家曲，三十里。

车道岭，五，白土窑，何家堡子，十里。

甘草店厘卡，二十里。

清水驿古城，塔新营，二十里。

夏管营，十，过店子，十五里。

乐家巷，五里。

金家崖，十，买子堡，二十里。

响水子水，十，桑园子，二十里。

东岗镇，十里堡，二十里。

兰州省，绛州至兰州二千零八十里④。

朱家井，余家湾。

---

① 礶子硖，即罐子峡。

② 青降驿，即青江驿。

③ 安定县，今甘肃省定西市。

④ 从绛州到兰州共 2040 里，约略等于总计的 2080 里。

小劳池，观音寺。

红城子，南大通。

北黑城，平番县①。

小岭子，照壁沟。

双牛沟，小店子。

马莲滩三里，军店，十，店子。

水沟口三十里，水沟驿四十里。

老鸦城五十里，碾伯县②。

七里店，平戎驿。

中寨子，小硖口。

湟中郡③。兰省至西宁大路六百二十里④。

兰州至西宁小路路程

列后：

兰州省，廿，崔家崖观景，十，程管营，五，古城，五，四十里。

柳沟，廿，东河湾，三十里。

新城，十，八盘，十，达家川，十，张家湾，十，马回子，四十里。

河⑤。

张家寺，十，王家古同，十，花庄子，三十里。

黑嘴子，飞石崖，十，青土坡，十，闫（阎）王边，十，红古城，平庄，十五，水车湾，四十里。

---

① 平番县，今甘肃永登县。

② 碾伯县，今青海省海东市碾伯镇。

③ 湟中郡，指西宁城。

④ 从兰州到湟中郡（西宁）的大部分地名都没有写里数，具体路线可能是作者抄来的，不一定实际走过，总计的620里大概也是作者听别人说的。

⑤ 河，指黄河的支流湟水。

王家口，十，李家岘，五，处头崖，五，海石湾，三十里。

享堂，十，石拉，十，桥头，反（饭）店子，十，莲花台，十，苗条沟，十，老鸦，五，白崖，十五，七十里。

高庙子，水磨，三十里。

碾伯县，七，达子湾，十三，羊圈，十，旱庄，十，大硖，十，河滩寨，五，四十五里。

张家寨，十，白马寺，十，曹家堡，三十里。

高寨，十，小硖过桥，十五，罗家湾，十五，四十里。

西宁城。兰州至西宁小路共四佰卅里①。

西宁至各处：大通②，二日，二百二十。永固③，三日。

伯胜④一百一十。新城⑤七十。鲁沙⑥四十五。

哆吧⑦四十五。威远⑧九十。丹噶尔⑨九十。

贵德⑩，三日，一百四十。循化⑪，四日，二百七十。吧燕戎⑫，三日，一百九十。

---

① 从兰州到西宁城的小路共425里，430里大概是凑整的说法。

② 大通，指大通卫，并非大通县。西宁至当时的大通县城（今大通县城在桥头镇）花费不了两天，而且与下文“伯胜”所指地点重合。雍正年间设置大通卫，得名自大通河，初治今门源回族自治县县城；乾隆年间大通卫移至白塔城（即下文的伯胜），“大通”这一地名被带走，后以大通卫置大通县，官方称大通县为“大通”。由这本路程看，民间仍叫大通卫旧治（今门源县城浩门镇）为“大通”。

③ 永固，按照前后地名的规律，此地应当在西宁城北；从路程看，此地比前一地名“大通”更远，只有“永安”这一地名符合，怀疑“永固”为“永安”之讹。永安指永安营，在前一地名“大通”的上游。

④ 伯胜，今青海省大通回族土族自治县城关镇，成为县城前地名叫伯胜堡、白塔城。

⑤ 新城，位于今西宁市总寨镇。

⑥ 鲁沙，今鲁沙尔镇，地处湟水谷地，民国时西宁县城曾在此地。

⑦ 哆吧，今多巴镇，隶属西宁市湟中区。

⑧ 威远，今青海省互助土族自治县县城威远镇。

⑨ 丹噶尔，清代民国商贸要地，在西宁城西。

⑩ 贵德，今青海省贵德县。

⑪ 循化，今青海省循化撒拉族自治县。

⑫ 吧燕戎，即巴燕戎格厅，今青海省化隆回族自治县县城巴燕镇。

【略】

宣统叁年夏六月吉日　　抄立

东雍涌泉[1]柳恩波记志

封皮

嘱谕沿路诗

总要低头侣，中途莫随跟。　路

抢上不抢下，船边要小心。　河

进店四下看，登程再查寻。　店

面生不与言，烟火不相亲。　友

海山柳恩波

① 东雍涌泉，是字号名。

四、清代贾来顺记平阳府太平县至荆州府路程[①]

山西平阳府太平[②]西毛村

西毛村[③]至马村八里。

马村至北才拾里。

北才至诗庄十贰里。

诗庄至降（绛）州廿五里。

降（绛）州至山（三）家店十五里。

三家店至歇店庙廿五里。

歇店庙闻喜县卅里。

不进城，西关有大店。西大路看不见□台，出了关，外城门侧往壁墙望东，要南走。此地要问路。

闻喜县至胡张镇廿里。

胡张镇至尉果村[④]十五里。

---

① 选自《晋商史料集成》第70册第664—696页同名文书。

② 太平，因全国有几个同名县，山西的太平县在民国时改名为汾城县，20世纪50年代撤并。

③ 西毛村，今属山西省襄汾县。

④ 尉果村，即尉郭村。

尉果村至下（夏）县十五里。

不进城，西关有数家大店。

下县至王峪口廿里，上山无好处，此树（处）要小心。

王峪口至张店元[①]廿里，山路。

张店源至太关廿里，小店，此地有三家小店。

太关至巴镇[②]十里，有三家店。

有小路不走车路。

巴镇至河头街[③]廿里。

河头街至会兴镇五里。

会兴镇至磁钟十五里。

磁钟至张茅廿五里。

张茅至硖石驲（驿）廿里。

硖石驲（驿）至观音堂廿五里。

观音堂至白埠廿里。

白埠至李村十五里。

过小河。

李村至河底廿五里。

河底至石村驲（驿）十五里，小地方。

石村驲（驿）至韩城廿五里。

韩城至连庄十五里。

过河[④]小心匪人。

连庄至西赵保廿五里。

---

① 张店元，今平陆县张店镇。

② 巴镇，即八政。

③ 河头街，此地是茅津渡，黄河著名渡口。

④ 河，是黄河的支流洛河。

西赵保至东赵保[①]十里。

小心。

东赵保至白阳树[②]卅里。

又要小心。

白阳树至宋店廿里。

宋店至大辛店十里。

过河[③]两次，难过。

大辛店至菜子街[④]十里，此儿大匪人，多□小心。

走无尽山川。

菜子街至小辛店廿里。

小辛店至内埠十贰里。

[小辛]

内埠至林（临）汝十八里，此树（处）有温泉。

林（临）汝至汤锅十八里。

汤锅至杨家楼十八里。

杨家楼至郑铁楼十里，此树（处）走虎狼狍[⑤]，半札完。

郑铁楼至十字楼十里。

十字楼至马川十里。

[十字] 马川至半札十五里[⑥]。

半札至大荣[⑦]廿五里。

---

① 西赵保、东赵保，即西赵堡、东赵堡。

② 白阳树，即白杨树。

③ 河，是洛河的支流伊河。

④ 菜子街，即寨子街。

⑤ 虎狼狍，是湖浪山的俗名，位于汝州（今临汝县）与宝丰县交界处，又叫虎狼爬。

⑥ 十字，为衍文，按里数算马川至半札即有十五里。

⑦ 大荣，即大营。

大荣至捞饭店十五里。

此三四树（处）有河，半而有石可过。

捞饭店至蓝店十里。

蓝店至段店十贰里。

段店至鲁山县十八里。

鲁山县至染河[①]十五里。

染河至交口廿五里。

交口至四十里铺十里。

走乌鸦路[②]，如金（今）修好了。

四十里铺铁牛庙十五里。

铁牛庙至新店十里。

新店至南召县[③]拾里。

南召县至草店廿里。

草店至朱砂铺五里。

朱砂铺至兴隆店五里。

兴隆店至曹家店十里。

过。

曹家店至抬头十贰里。

过河此白沙。

抬头至黄家楼十里。

黄楼店至石桥驲（驿）十八里。

石桥驲（驿）至蒲山店十贰里。

蒲山店至槐树湾十三里。

---

① 染河，即瀼河。

② 乌鸦路，此处有白河的支流鸦河，乌鸦路应指此。

③ 南召县，指旧县城，在今南召县云阳镇，所以鲁山县路过南召县城再南下并不绕远。

槐树湾至赵河卅里。

赵河至博望卅里。

博望至新店卅里。

新店至南阳府[①]卅里。

走出成十五里，〈反〉饭店一间知。

南阳府至卅里屯卅里。

一间观音堂庙分路间，新店。

瓦店至卅里屯[②]十八里。

瓦店至桐树店十贰里。

桐树店至罗庄卅里。

罗店至新野县卅里。

新野县至新店铺四十里。

新店铺至吕阳驲[③]四十里。

吕阳驲至桐树店廿里。

桐树店至樊成[④]廿里。

樊成至襄阳府过河。

襄阳府至欧家庙五十里。

欧家庙至宜成（城）县四十里。

宜成（城）县至辛店四十五里。

辛店至丽驲（阳）四十里。

丽阳至乐乡关四十里。

乐乡关至小南桥四十里。

---

① 南阳府，治今河南省南阳市。

② 此处抄反，应为“卅里屯至瓦店”。

③ 吕阳驲，即吕堰驿。

④ 樊成，即樊城。

小南桥至荆门州四十里。

荆门州至团林铺四十里。

团林铺至建阳驲（驿）四十里。

建阳驲（驿）至四方铺四十里。

四方铺至龙墨桥廿里。

龙墨桥至安家人十五里。

安家人至荆州府[①]十里。

山西平阳府[②]太平县南中村贾来顺记。

共路记壹仟七佰四十八里[③]。

高至。

【略】[④]

① 荆州府，今湖北省荆州市。

② 平阳府，治今山西省临汾市。

③ 从西毛村到荆州府共1796里，约等于总计的1748里。

④ 后面几个字是对路程书内容的仿写，应是作者后人书写。

五、清代祁县武维贤西坝至祁县路程[1]

九月初八由西坝[2]，坐二座轿车起程[3]，至俞沟打尖。三十里至众兴，五十里住。至仰化集[4]四十里，打尖。至杨□集五十里，住。至高作七十里，打尖。至龙家集四十里，住。至张家集九十里，打尖。至徐州府五十里，住。至郝家寨四十五里，打尖。至黄家口六十五里，住。至砀山县六十五里，打尖。至杨家集四十里，住。至马牧集六十里，打尖。至归德府[5]四十里，住。至宁陵县未打尖六十五里，住。至于湘浦九十里，打尖。至杞县三十五里，住。至韩岗五十里，打尖。至汴梁省[6]五十五里，住。十八日，至黄河岸四十里，住。十九日，过黄河，过黑冈[7]口官渡，打尖。至斗门儿三十里，住。至阳武县[8]四十五里，打尖。至磨庄儿四十

---

① 选自《晋商史料集成》第70册第697—698页同名文书。

② 西坝，属江苏省淮安府（今淮安市），在运河与淮河交汇处。

③ 从西坝至徐州是沿着黄河故道方向，朝西北行。黄河于咸丰年间改道山东入海，本篇与光绪年间的《武氏家书》为同一作者撰写，此时江苏段黄河已成故道。

④ 仰化集，属江苏省宿迁县（今宿迁市），在运河沿线。

⑤ 归德府，在今河南省商丘市的商丘古城。

⑥ 汴梁省，指河南省城开封。

⑦ 黑冈，又名黑岗。

⑧ 阳武县，今河南省原阳县。

里，住。至圪塔庄六十里，打尖。至木恋店[1]贰十五里，住。廿二日，至宁郭驿四十里，打尖。至清化镇三十里，住，天义东店卸行李。廿四日，坐二人小轿午时由清化起程。至小常平[2]四十里，住。至拦车镇四十里，打尖。至坡头三十五里，住。廿六日，至泽州府廿五里，住，大来店下轿转□。廿八日，由州起程，至乔村驿六十里住未打尖。长平驿六十里未打尖，住。至蒲头五十五里，打尖。至鲍店四十五里，住。至交川勾五十里，打尖。至褫亭[3]四十里，住。至乱柳四十五里，打尖。至交口五十里，住。至雄黄□□□□□。至南关四十里，住。至来远廿里，打尖。至子洪镇四十里，住。至祁县城三十里。

---

① 木恋店，即木栾店。

② 小常平，今沁阳市常平乡，为了跟泽州府的长平驿相区别，山西人把此地称作小常（长）平。

③ 褫亭，即虒亭。

六、清代重庆府至京都路程[①]

重庆府至京都路程[②]

出朝天门，至头塘五里。鸳鸯桥，卅里。四垭口，十五里。悦来场，十五里。土沱场，廿五里。白贝场，卅里，草介子③，卅里。沙清廓，卅里④。东军沱，十五里。以上系走水路。合州城，五里。附旱路程至合州：虎头关，十五里。小龙坎，十五里。高店，十五里。有店可住。土主场，廿五里。有店可住。青木关，卅里。六塘⑤，廿五里。七塘，廿里。八塘，廿里。离八塘七八里，即通狄（?）羊⑥。九塘，十五里。山俗传：仙家赶石欲填山。十塘，十五里。口【传】遇观音神止住，因此得名。瓦子铺，十五里。合州城，十五里。有大店，可住。五尊堂，廿

---

① 选自《晋商史料集成》第70册第699—717页同名文书。

② 推测本篇是商号的伙友上下班用的路程书。总号派往分号的伙友，班期到了可以下班回山西老家。回家乡或去字号的路上，即使捎带同号伙友的物品，坐车、船即可解决，比运货轻省很多。这本路程只写了吃、住、行的须知，比运货的注意事项少很多，记录的是商人不运货时的路线，创作于京汉铁路修成之前。

③ 草介子，即草街子。

④ 这几个小字地名应为正文，非解说性注释。

⑤ 六塘，清代在重庆城通往合州城的旱路上，每20里设一塘，共设10塘，形成了以“塘”命名的几个村镇。

⑥ 大概是描述八塘镇分出一条岔路，通向某地，再沿大路通向一个大城市。狄（?）羊是地名，地点不详。

里。大石桥，廿里。有店可尖。梨头场，十二里。古龙[①]场，十八里。七间〈桥〉场，十五里。有店，甚小。香炉山，十五里。真隆场，廿里。有大店，尖、宿俱可。饭店系美善场，廿里。沙牛滩，廿五里。莲烈〔面〕溪[②]，十五里。有店甚小。锣鼓灏，十五里。高石坎，廿里。从此为水小，可坐船到李渡，系上水。再从李渡换船赶青车街，亦系上水。不果，过杨口滩最凶，遇五六间，水涨万【不】可赶船[③]。李渡场，五里。有店，尖、宿均可。青〈车〉居〈街〉场，四十里。从此为水小，赶五里下水[④]，到黄郭渡起旱。如从东来[⑤]，即可从顺庆赶船到青车街，系三十五里下水。顺庆府[⑥]，四十里。有店，尖、宿均可。至此到胡琴铺尽是水由坝路，本属左湾右曲，若遇淋雨更难行走。金鸡河，廿五里。金得场，廿里。芦溪铺，十五里。柳林铺，十五里。永丰铺，十五里。有店可住。毛家坝，十里。代罗灞（坝），五里。马鞍塘，廿五里。东灞（坝）场，廿里。太平桥，十五里。石龙场李溪寺，五里。胡琴铺，十五里。有店甚小。有河一道，在西边过渡。枣儿岭，十五里。黑水塘，十里。老垭[⑦]岩，八里。有店，可尖、宿。苦瓜山，十二里。彭澄[⑧]灞（坝），十里。双龙场，十里。保宁府。有大店可住。至陈家坡下，皆平路。城内有张桓侯庙，庙后有墓。即古阆中县，为川北有府道州县[⑨]。阆中县西门可过河，坡坎路，有腰店。陈家坡，十五里。五〈龙〉里子，廿五里。坡路，有店可

---

① 古龙，即古楼。

② 莲烈〔面〕溪，此地叫“烈面”，“面”为作者补字，补字之后还应把“莲”字去掉。

③ 此处提醒逆流要水小才可坐船，则水涨不能坐船，补上“不”字才合文意。

④ 下水，此处写“下水”是正确的。青居的地形很特殊，嘉陵江自北向南流至青居北边，受阻于小山，逆时针绕山接近360度，又流回青居的南边，形成一个马蹄形湾。青居向北走有两条路，一是沿嘉陵江逆流而上至顺庆府，二是顺流而下2.5公里再上岸走旱路，本路程选择了后者。

⑤ 东来，指从三原到重庆是东北往西南走，这本路程可以西去、东来重复使用。

⑥ 顺庆府，治今四川省南充市。

⑦ 老垭，即老鸦。

⑧ 彭澄，即彭城。

⑨ 川北有府道州县，阆中县是川北众多县中有府城（或州城）所在的县，意即阆中县是府治（州治）。

尖。马凤楼，廿里。坡陡，须小心走。槐楼驿，廿五里。铺下坡路，有大店可住，到武功①。〈武〉伏〈功〉公铺，十五里。白鹤铺，十五里。上五〈龙〉里子，廿五里。有店可尖，面、饭甚佳。施天驿，廿里。永宁铺，十五里。有店可住。从此至梅树铺，俗云有廿四个蘑菇顶，比栈道更难行走。此保宁梁子至险之路比也。白林沟②，廿五里。此处一上一下，极陡险难行，遇雪雨更难走。有腰店可尖。俗传此处有马超墓。新场，廿五里。石井铺，十五里。有腰店。梅树铺，廿五里。有店可住。至此到广元四上四下，且路小坡陡，洵难行走，若轿大更难行。隆滩③驿，卅里。有店虽小，可住。思贤铺，廿五里。有腰店。至广元数里，从此保宁梁止。从广元入栈道④。广元县，廿里。有大店。往四川省城至此分路⑤。为从北来⑥，过河⑦往右手走即省城路。千佛岩⑧，十里。即飞龙阁，岸上有千佛。唐韦抗开石路，架木作栈，以千佛作状观。石谷岩，十里。大塘子，十里。沙河铺，十七里。小河一道。走内有金鳌岭、飞仙阁。陡坎一节，须下马走。金鳌岭在望云铺。望云铺。下坎，顺河走。内有金鳌岭，即（极）陡险，下马走。公馆店甚小，可尖。石燕离此处十八里。朝天关，十五里。岭甚高，下坎极陡。蜀栈崎岖第一热闹，满山太湖石。朝天镇，十五里。有大溪一道，水涨难过。有大店，尖、宿均可。杂角铺，十里。上大坡。龙洞背，十里。平坎。山上有龙洞，可容数千人。又名慈岭，山顶上有二郎庙。黄荆岭，五里。上下坡坎路⑨。神宣驿，三里。有大店。温家坟，

---

① 武功，即下一个地名，作者已修正为“伏公”。

② 白林沟，即柏林沟。

③ 隆滩，即龙滩。

④ 栈道，这一段是蜀道南段之一的金牛道，是连接成都与汉中盆地的道路。

⑤ 广元至成都是金牛道的南段，下文走的是金牛道的北段。

⑥ 北来，与上文“东来”一样，均指三原至重庆。

⑦ 河，指嘉陵江。

⑧ 千佛岩，指广元千佛崖，为国内著名石窟群，位于金牛道旁崖壁上。本书第7篇《清代杏坛志川途路程折》记：“千佛崖，上边无数佛像，可为一景。”

⑨ 坡坎路，指石阶路。

三里。上下坡坎路。纸房铺，五里。青树湾，五里。钟子[①]铺，五里。转斗铺，十里。教场灞（坝），十里。又名木寨，山有教场。有河一道，水涨难行。有店，尖、宿均可。七盘关，五里。上下坡坎路，高险崎岖难行。“小心移走”碑[②]，川陕交界。闵家〈坟〉坡，五里。黄灞（坝）驿，十里。七十二道脚不干[③]从此起，有山溪沟渠数道。有店可尖。牢固关，十里。皆系大山坡，水分南北流[④]。回水河，十里。有溪一道，水涨难过。有店可尖。界牌铺，十里。上下坡坎路。土门铺，五里。平路过小河。宁羌州[⑤]。十里，有七星台，有大店。白树驿，十三里。平路。有小河十道，水涨难行。浣石铺，五里。均系平路，有小河。五里铺，五里。平路，有小河。旧章，五里。滴水铺，五里。街头有滴水悬岩，此处此山水颇佳，金牛左道[⑥]断石沟。店小，宁羌州属。五丁关，十五里。有五丁开山[⑦]处。峡道崄峻，乱石杂铺，千回百折，洵难行走。大宽川铺，十五里。下坡山峡，水涨难行。小宽川铺，十里。烈经[⑧]桥，五里。过小溪。此处分路走阳平关，系松龙捷径[⑨]，明朝川省进京路[⑩]。镇南有洪水碑，书云：嶓冢导漾处。大安驿，十里。平路，七十二道脚不干。有大

---

① 钟子，即中子。

② “小心移走”碑，按本书第7篇《清代杏坛志川途路程折》，碑文应为“小心移步”。

③ 七十二道脚不干，全国有多处叫作“七十二道脚不干”的地区，都是河流蜿蜒曲折、沿河谷前行需反复涉水的地形。

④ 水分南北流，此处是汉江和嘉陵江的分水岭。

⑤ 宁羌州，今陕西省宁强县。

⑥ 金牛左道，指路过滴水铺的路线，正道即下文走阳平关、在列经（金）桥与左道汇合的路。左、右是以从陕入川论。金牛道得名自战国时蜀王迎接秦国人赠送的金牛，秦国趁机灭掉蜀国开通秦蜀之间交通的故事。

⑦ 五丁开山，传说蜀王派五丁力士劈开山岭，迎接秦人。李白《蜀道难》“地崩山摧壮士死，然后天梯石栈相钩连”，就是讲这个典故。

⑧ 列经，即烈金。

⑨ 松龙捷径，松龙道指四川松潘到龙安（今平武县），再南下绵阳的道路，属于蜀道之阴平道的南段。从成都向北走阴平道进入甘肃，再向东入关中，过于迂远，并非捷径；而且阳平关距离松潘、龙安几百里，走阳平关无法到达松龙道。

⑩ 明朝川省进京路，明代进京过阳平关的路不是松龙道，是蜀道北段之陈仓道。本书第21篇《办布路程》有记录，为凤县—两当县—徽县—略阳县—阳平关—广元县。这条路南可至广元，北至凤县汇入本篇下文的路程。

店，尖、宿均可。泗水铺，五里。桑树湾，五里。尖石岭，五里。金堆铺，五里。河内有大石，上有石荡金窝。蜀王遣五丁力士迎金牛于此。板庙子，五里。青羊驿，五里。淳祐间杨世庵屯田牧羊于此。刘子沟，十里。铜钱灞（坝），四里。沮水铺，十里。即古西城①。沮水河水涨难行，平路。有沮汉合流碑。沮出洛阳②狼谷，南入于汉。黄连垭，十里。土关铺，五里。下坡路。前半路甚峡，皆沿沮小河而行。沔县③，十五里④。东关外有武侯祠，有黑玉琴，章武元年。有定军山，山下有武侯墓。有征西将军马超墓。南正皆上路。何家堡，十五里。旧州铺，五里。有碑：南起定军山，遥拱北提驲（驿）。水花村，平路。即先生领益州牧处。苏柳营，五里。龙岗，五里。黄沙驿，十里。有汉高帝射鸿台。走汉中在此分路⑤。过五六里，石桥有褒、沔两县分界⑥。有店，可住。又有汉武侯制木牛流马处，亦在此。新街子，十里。扭项铺，十里。海棠桥，五里。老道寺，五里。干沟，十里。以上平路。褒城县⑦，十里。平路，北栈⑧起，可尖、宿。鸡头关，八里。有关帝庙，有天心桥，蜀道登云半。有白石土地庙，灵应无比。对山有天门。下山极滑难走，崇祯时始开大路。将军铺，七里。坡路，即（极）险难走。麻坪寺，十里。坡坎偏桥⑨，有明河。褒姒铺，十里。坡坎路。沙河多，烂沙难走。虎家铺，十里。以上路，偏桥路，过观音匾水涨难行。过桥上新题四字：已入千峰。青桥驿，十

---

① 古西城，西城县为秦汉时设置，元代废。

② 洛阳，应为略阳，指陕西省略阳县。

③ 沔县，今已更名为勉县。

④ 下文路线是向东，至褒城县进入褒斜道；从此地向西，至略阳县可进入陈仓道。

⑤ 走汉中在此分路，去往汉中府城继续向东，下文路线转向北。

⑥ 分界，桥旁有两县的界碑，作者才能知道此处是县界。下文进入山西、直隶后，县界的记述更多，这是看到路旁的界碑才知道。驿路穿过县界、省界时往往会有界碑，一些博物馆展出的古代界碑实物，是昔日驿路上的标记。与之形成对比的是，走村间小道不需要知道在哪个县范围内，沿途无须界碑。这本路程记录的多处县界，是作者沿着驿路前行的证明。

⑦ 褒城县，今陕西省勉县褒城镇，褒城县在20世纪50年代撤并入邻县。

⑧ 北栈，也叫连云栈，是元明清时期的驿路。下文沿着北栈前行，先走褒斜道南段，取其便捷；再从凤县进入陈仓道，取其平缓。所以北栈成为连接汉中、关中的主要通道。

⑨ 偏桥，木栈道的一种形式，也叫阁道、栈阁，民间俗称为偏桥。

里。坡坎路。至画眉关有马鞍桥廿四坐（座），水涨难行过。店甚小，可尖。过铁索桥。廿五里铺，十五里。坡坎路。仙人沟，十里。大石上有仙人足迹。马道驿，十里。下坡路。山上有石马过河，即萧何追韩信至此。樊哙故里，有铁索桥一道。燕子匾①，十里。武曲铺，十里。焦岩铺，十里。小坎路。铁佛寨，七里。武关河，八里。褒城、留坝交界，古武休关②。有小河③一道。武关驿，五里。此处可尖，店小，又名蒋家店。青龙寺，十里。坡坎路。新开〈店〉铺，五里。青羊铺，五里。古［羊］青【羊】关。在青羊上水，又名羊水。水涨难过，有小桥。画眉关，十里。自鸡头④至，皆极难走。大留坝，十里。此张子房封侯地。山高路小，南北第一险地。有大店，尖、宿均可。小留坝，五里。乱石铺，十里。桃源铺，十里。枣木栏，十里。庙台子，五里。有留侯庙，风景甚佳。可尖。柴关岭⑤，八里。此处出虎，尽是上坡。高桥铺，七里。下坡路。松林老驿，十里。松林铺，五里。榆林铺，五里。石佛铺，十里。古陈仓古道，五里。昔日明修栈道，暗渡陈仓。南星，五里。留坝所属，凤县交界。有大店。自松林老驿至此皆平路。椿树铺，十里。野羊铺，五里。废邱关，十里。有楚项凤（封）章邯处。偏桥，可尖。三岔驿，十里。上凤岭从此起。心红铺，十五里。坡坎路。又湾又曲，乱石峰起，洵难行走。凤岭，十五里。即凤鸣于岐山处，雪泞难走。上有南天门，甚高，王时董题："去天尺五。"有凤窝，有贾中丞煅石辟路德政碑⑥。烟洞沟，五里。有望乡台。坡路，雪泞难行走。凤县，十五里。山有石洞，张果老得道处。有大店，尖、宿均可。白石铺，十五里。金沙湾，五里。石门

① 匾，即碥，指碥道。与栈道相比，碥道不需要凿孔穿梁起栈，而是削坡铲石，用土石拥砌成道。见《宝鸡古代道路志》（宝鸡市公路交通史志编写办公室编，陕西人民出版社1988年版，第90页）。

② 武休关，古代为川陕交通咽喉。

③ 小河，指武关河。

④ 鸡头，指前文的鸡头关。

⑤ 柴关岭，即柴官岭。

⑥ 贾中丞煅石辟路，指清代初期陕西巡抚贾汉复修葺栈道的事迹。

关，五里。两山峡峙，仅一骑可行。王家台，十里。白家店，五里。五星台，十五里。以上偏桥路，乃栈道之至险比也。草凉驿，十五里。有公馆，店甚小。红花铺，十五里。长桥，十里。偏桥路。北桥，五里。以上河滩。黄牛铺，十里。凤县、宝鸡交界。有大店，尖、宿均可。石窑铺，十里。坡路，河一道。红龙铺，五里。东河桥，十里。煎茶坪，五里。坡险难行。宝鸡令浮梁邓爱琴题：南联青峰。此地有龙头拐杖，甚好，每条大小六十文。半坡塘，五里。观音堂，十里。东来至煎茶坪，上坡可住。二里关，十里。坡路，即大散关。军杨湾，十里。大湾铺，十里。平路。益门镇，十里。通渭水河。宝鸡县，十里。神农故里，即张华得道处。北栈止，有大店。金陵河，五里。平路。祀鸡台，十里。坡上有陈宝祠，祠内有祀鸡台，秦穆公时童子化鸡处。店店，十五里。道上有石鳖三垒，坡上有太公钓鱼台。过牵牛河一道，有鱼。水岸右走第五村①，左走六十里凤翔府岐山合路②。有店，可尖。友礼村，十里。油房村，十五里。第五村，十五里。宋家坡，十里。安家渠，十里。石羊庙，十里。岐山县，十里。有周文王庙，有召伯甘棠碑，离岐山东数里即五丈原处。有大店，东关稍上永茂店甚好。砚瓦沟，十里。有腰店，广出石砚台。龙尾沟，十里。有腰店。马尾沟，廿里。正东分路，西安省的路③。青化镇，十里。有一楼④属山西管。字沟河，五里。法门

---

① 第五村，指渭河右岸（即南岸）的第五村，属郿县（今眉县）。下文的第五村是同名村，在渭河以北、岐山县城西。

② 下面的路线即走这条路，沿渭河左岸前进。

③ 西安省，指陕西省城西安。文人游记的路线多从风陵渡过黄河，入潼关，进西安城，再去宝鸡。本路程代表了民间路线，在西安无商务则不进西安城，走一条平行于渭河的路线，在大庆关过黄河。

④ 楼，可能指山西会馆。

寺，廿里。此地有明朝公公刘瑾降香处，有古塔。车村[①]，十里。宿城内店。油峰河，十里。四面皆垣，一上一下，西坡上。三刘故里。新店子，廿里。平垣，车路。大北沟，十里。沟地有河，河内俗传有景致。半坡上修关帝庙，沟西坡上往南即董家村，明时赵德胜故里。千豆村，十里。杨樊村，十里。王鸟村，十里。大里村，十里。望见梁山[②]。醴泉县[③]，十里。宿城内。皮军寨，廿里。有店。西张堡，十五里。地方苦焦[④]，车路多。韩家店，十五里。临泾河，十里。有河过渡，系泾河。周家道，十里。延寿宫，十里。汉提洞[⑤]，廿里。三原县，廿里。此处出红毡、绒毡、坑毡俱好，且便宜质【优】，绒毡系神木打的好。此处到平遥路程列后。

三原县。赵曲庙[⑥]，十里。闫梁镇[⑦]，廿里。大成镇，廿里。康桥，十里。关山镇，廿五里。新店，廿五里。廉家店，廿五里。石家官道，十五里。羌白镇，十五里。白家河，十里。此处过河系白家坡。通（同）州府，八里。八里庄，卅二里。朝邑县[⑧]，十里。黄河上，廿里。过大庆关，有厘税。何家庄[⑨]，十里。有店甚小。蒲州府，

① 车村，车音 jū，文末的路程歌讹为“渠”字。陕西商人的路程书写作“菊”，整理者认为：“菊村之西二十里即法门寺，法门寺附近未见有菊村之名，所以推测菊村当在今扶风县东部召公乡一带。”（宗鸣安：《秦商入川记》，陕西人民出版社 2015 年版，第 114 页。）“渠”“菊”均为方言发音造成的错字。《宣统二年九月赴成都日记》记载，在礼（醴）泉县和岐山县的大致中点也有一地叫作“车村”。（史若民、牛白琳编著：《平、祁、太经济社会史料与研究》，山西古籍出版社 2002 年版，第 640—641 页）。本书第 3 篇《宣统三年东雍涌泉柳恩波记志绛州苏村至兰州、西宁路程本》法门寺东二十里有一地叫“具村”；第 21 篇《办布路程》岐山县东边一站叫“居村”。渠村、车村、菊村、具村、居村都指同一地。

② 梁山，从该地向北望可见，梁山属乾县。

③ 醴泉县，今更名为礼泉县。

④ 苦焦，似指河流少。

⑤ 汉提洞，即汉堤洞。

⑥ 赵曲庙，即赵渠庙。

⑦ 闫梁镇，即阎良镇，今西安市阎良区。

⑧ 朝邑县，20 世纪 50 年代并入大荔县，今陕西省大荔县朝邑镇。

⑨ 何家庄，即郝家庄，见本书第 3 篇《宣统三年东雍涌泉绛州苏村至兰州、西宁路程本》中《西车大路路程》。

五里。概无大店，有明朝孟公祠。有厘税，在下马头。附郭永济县①。寺坡店，廿里。蒲州方（府）附郭，有明朝杨襄谷公墓。有西厢普救寺，俗传永济属。吕芝镇，十五里。有店，尖、宿均可。高市，十五里。古屯城，十五里。七级镇，十里。南五里有五星湖②，阔廿余里，多产鱼。临晋属，可尖。春阳树，十里。樊桥，十里。水头塘，十五里。祁任村，五里。路低。祁任塘，五里。香药③镇，十里。牛肚④镇，十里。猗氏属，可尖。李汉镇，十里。乔阳，十里。柏相⑤镇，十里。出象枣，沿途多枣林。有虞帝庙。张村，十里。将军庙，十里。有店，尖、宿均可。王范，十里。有汉龙亭侯造纸蔡伦墓碑。夏县界。岔口，十里。水头，十里。古号水⑥，过桥有宋太师司马温公⑦碑。尖、宿均可。义门，十里。郭店，十里。宋店，十里。闻喜县，十里。裴晋公、赵丰公故里，即太甲所居桐邑。出好毡，前走桥上即河南分路⑧。拾里铺，十里。冯家庄，十里。董镇⑨，十里。郭璞先生读书处。《左传》“董泽三蒲”⑩，即此。有大店，可住。问店，十里。以上皆平路。梨园，十里。隘口镇，十里。上下坡。史店，十里。侯马驿，十里。曲沃属，尖、宿均可。西庄，五里。郭马，五里。郭文支子故里。杨村，十里。高贤镇⑪，十里。上坡路。辛店，十里。蒙城驿，十里。二里许有豫让桥，文中子故里。太平属。闫店，十里。下坡。舜时伯益故里。史

① 永济县，在今永济市西南，黄河东岸，20世纪40年代县城搬离此地。

② 五星湖，即伍姓湖。

③ 香药，应为香落，落音 lào，故此处讹为“药”。

④ 牛肚，即牛渡，或称牛杜。

⑤ 柏相，即北相。

⑥ 号水，应为涑水，司马光有《涑水纪闻》。

⑦ 宋太师司马温公，指司马光，死后追赠太师、温国公。

⑧ 河南分路，本书收录的多本山西商人去往湖北的路程，如第8篇《清代介休至樊城、荆州路程》，均由闻喜城朝正南方向前往河南省。

⑨ 董镇，今闻喜县东镇。

⑩ 董泽三蒲，《左传》有“董泽之蒲，可胜既乎”，“三”应改为“之”。

⑪ 高贤镇，清代高县镇，今曲沃县高显镇。

村驿[①]，十里。荆村，十里。赵曲镇，五里。尖、宿均可，襄陵县属。出枣木木梳，一串五个，约钱三四十。张林铺，十里。有造父洗耳处。灵泊铺，十里。平路。大韩铺，十里。韩康子食邑。尧帝庙，五里。馆甥处[②]，尧王故里。岔口。平阳府。附郭临汾县。南关有苍（仓）颉造字处、广成子登仙处，有尧帝陵[③]，老人三税[④]处。高河桥，十里。古高粱城，有丹朱墓。高铺，十里。天井铺，十里。洪洞界。羊獬铺，五里。有救（叔）向食邑[⑤]。皋陶故里，狗（独）角神羊生此[⑥]。杨曲镇，十里。平路。左壁，十里。有药王庙。洪洞县，十里。可尖，郭旷故里。苗村，十里。门外坡极陡。杨家堡，十里。赵城县[⑦]，十里。自此故同路，至夫妻庙。赵祖造父起此，有豫让桥，蔺相如故里。窑子镇，十五里。卫店，五里。坡路。益昌，十里。平路。界牌，五里。霍州界。宰置镇[⑧]，五里。唐尧避暑处，可尖、宿。銮铃铺，十里。霍州[⑨]，十里。城外里许有铁柱，万历年间埋，镇水口，又有铁牛卧河曲。北十里铺，十里。周村，十里。师庄镇，十里。霍州界，可尖。白水，十里。老张湾，五里。灵石界。逍遥岭，五里。仁义镇，十里。三神庙，五里。郭家沟，十里。总名叫韩信岭，有韩信墓。可尖，此处换轴。夫妻庙，十里。坡路，过小河。裴家坟，十里。灵石县，五里。真灵石在街内。张家峪，十里。吴家坟，五里。两都[⑩]，五里。崔家沟，

① 史村驿，今为襄汾县城。

② 馆甥处，意思是“馆甥”这一典故发生在尧帝庙村。《孟子·万章下》：“舜尚见帝。帝馆甥于贰室。”后世用“馆甥”指女婿家。

③ 尧帝陵，传说尧的陵墓在此，今临汾市有尧都区。

④ 老人三税，或许应写作“老人之税”，意思不详。

⑤ 救向，应改为“叔向”。晋国的羊舌肸，字叔向，食邑在杨（后来的洪洞县），春秋时期政治家。

⑥ 皋陶故里，皋陶为尧舜时人，出生在今洪洞县地，被奉为中国司法鼻祖。皋陶使用一种叫作獬豸的独角兽来决狱，獬豸类似羊，“羊獬铺”因此得名。

⑦ 赵城县，该县已撤并，旧县城在今洪洞县赵城镇。

⑧ 宰置镇，即辛置镇。

⑨ 霍州，民国时改为霍县，今山西省霍州市。

⑩ 两都，即两渡。

十里。冷泉关，十里。《水经》所载冠爵津，又名崔鼠谷[①]。桑坪谷村，五里。义堂[②]桥，五里。灵石、介休交界。西门铺，十里。介休县，十里。东门铺，五里。东十里铺，五里。湛泉铺，五里。三十里铺，十里。张兰镇，十五里。关外有李陵碑，地方阔大，店甚小。杜村茶房，十里。桥头村，五里。介休、平遥交界。平遥县，廿里。

由平赴京路程列后：五里庄，五里。十里庙，五里。平路，有玉皇楼大庙。新盛[③]铺，五里。洪善村，五里。有大店可住。界牌铺，五里。郑家庄，十里。有司徒王允碑。祁县，十五里。北关舅犯[④]故里，东有祁溪[⑤]大夫墓。会善村，五里。贾令河，十里。贾令镇，十里。有店可尖。罗村，十里。尧城，十里。尧帝故里，徐沟属。高花村，十里。清源、徐沟、祁县交界。徐沟县，十里。出东门，城角三岔路大十字过小桥，走太原省[⑥]。尖、宿均可。辽西林，十里。有店可住。徐沟界牌，五里。郝村，十里。有河，水涨难行。永康镇，五里。水涨难过。张度，十里。南谷村，十里。荣村，五里。郭家堡，五里。王胡镇，十里。榆次属，尖、宿均可。傅〈家〉村窑，十五里。土坡路。要店，五里。平路。三岔，八里。东走什贴，西走太原，北走王胡镇[⑦]。什贴镇，七里。有大店可住，换轴。韩家沟，十里。赵简子食邑，廿八宿由此分路处，寿阳县属。要罗山，十里。西岭铺，十里。太安驿，十里。王强铺，十里。清平镇，十里。河坝路[⑧]，过河三道。有大店，尖、宿均可。大树垭，十里。清羊岔，

---

① 崔鼠谷，应为雀鼠谷。《水经注》卷6《汾水》：“（经）又南过冠爵津。（注）汾津名也，在界休县之西南，俗谓之雀鼠谷。数十里间道险隘，水左右悉结偏梁阁道，累石就路，萦带岩侧。”

② 义堂，即义棠。

③ 新盛，即新胜。

④ 舅犯，即狐偃，字子犯，因是晋文公重耳的舅父，故称舅犯。

⑤ 祁溪，即祁奚，晋国大夫，食邑在祁地（今祁县和周边几县）。

⑥ 走太原省，指去太原的路。文人游记多进太原城，赏玩几日再南下。本路程代表了民间路线，商人如在太原没有商号，进太原城是绕远，下文路程往东北方向，没有路过太原。

⑦ 北走，应改为“南走”，前文的王胡镇在三岔的南边。

⑧ 河坝路，与前文的水由坝路相同，均指傍水路。

五里。黄门镇，五里。有大店，可住。寿阳县，十八里。高家坡，五里。童子河，十里。土心岭，二里。芹泉，五里。水甘甜，有二泉一清一浊，平定、极（桃）河二水发源。尖、宿均可。张净镇，十里。晋文子祠在此。辛店，十里。寿阳、盂县交界。测石驿，十里。至义井镇，俱乱石河坎难行。坡坎村，五里。至义井镇，涉水有七十二渡。有店，尖、宿均可。辛兴滩，五里。即星星滩，俗呼破鞋街。赛鱼村，十里。河坝。平定州、盂县交界。平潭驿，十里。义井镇，十里。坡路，有店可尖。南天门，五里。坡路。山中多出鹌鹑，善能斗。平定州①，五里。古并山，汉曰上艾，地名石艾②。暂石，十里。西郊，十里。此处有岔道，走河南远十里，走南天门路险③。石门，十里。桥头，十里。石路滑难走，车行屡坠。有大店，尖、宿均可。青玉峡，八里。小心发山水，上下坡。柏井驿，二里。石路，西天门。八里桥，七里。上坡。〈报〉扳木井，八里。有店可尖。固驲铺，五里。石路。槐树铺，十里。固关，十里。北天门。旧固关，五里。界牌，五里。平定州、正定府交界，直隶井陉县属。有店，可尖。核桃园，五里。龙窝寺，五里。长生镇，五里。有大店，尖、宿均可，俱石路。板桥，五里。有店，可尖。朱村，五里。井陉县，五里。淮阴侯谈兵处。东窑岭，五里。坡下有河，即窑子。过河冬桥夏渡④，可尖。西河村，五里。张村，五里。横口，五里。以上多石路。长岗，五里。微水铺，五里。石路，河二道，冬桥夏渡。井陉属，有店可尖。白石岭，十里。东天门，过东门下坡。上安村，五里。下安村，八里。坎路。上下坡分路进沟，端过亭子岭旁村下坡，二三里交获鹿界。

---

① 平定州，今山西省平定县。

② 上艾、石艾，汉代在此地置上艾县，后世改为石艾县。

③ 这是说回程（由直隶到山西）至此地，往西继续走有两条路：南天门路是前文的路线，从此地向西；河南路指绵河以南的路，从此地向北，到绵河后再向西，大致在平潭驿汇入前一条路线。

④ 冬桥夏渡，应当是北方平原的特点，进入直隶省境内有好几个地点都提到冬桥夏渡。

郄家庄，七里。获鹿县，十里。有大店、驼轿行。出山路，东走栾城、河南界①。乱石岭，五里。十里铺，五里。安舍铺，十里。以上小山下坡十里，俱平路，系获鹿县与平定州交界②。赵林铺③，十里。真定县④界。萧家营，五里。柳林铺，五里。平路。滹沱河，十里。又名滹沱渡，冬桥夏渡。汉光武帝冰坚可渡⑤处，即此河是也。正定府，十里。城内有大佛⑥高七丈三尺，南关系汉顺平侯赵子龙故里。南门外五里过蒲萄河⑦，西南入山西，东南走河南⑧。北关打尖。十里铺，十里。皆河路。拐角铺，十里。三十里铺，十里。过沙河。伏城驿，十里。慕容封邑，先贤闵子故里。正定属，有大店。吴村铺，十里。毫（藁）城、新乐交界。马头铺，十里。古笔花店。同常店，十里。十八里铺，二里。小寨铺，三里。孔子落笔处。七里铺，八里。五里铺，二里。新乐县，五里。汉张桓侯鞭督邮处。大河冬桥夏渡，冬（东）关外义王庙有大店，尖、宿均可。田村铺，十里。界牌铺，八里。定州交界，平沙路。明月店，二里。又为倒马关。有店，尖、宿均可。孟良桥，十五里。八角廊，五里。定州⑨，十里。即古中山国，道上蜜桃、柳树，后燕慕容垂都此。尖、宿均可。清水河，十里。冬桥夏渡。唐尧古城，旧迹名唐河，即［水］冠水⑩也。乐庄铺，十里。清风店，十里。定州属，有大店，可尖。荆坟

---

① 向东去往直隶栾城县，再转南可去往河南省。下文是朝东北方向走。

② 与平定州交界，“平定州”应改为“正定县”。此地在获鹿县东部，不与西边的平定州交界；即使是获鹿县西部，也是与井陉县交界，与更偏西的平定州不接壤。平遥籍作者不熟悉这一带地名，搞混了“平定”和“正定”。

③ 赵林铺，即赵陵铺，因有赵佗的祖坟而得名。

④ 真定县，即前后文提到的正定县、正定府，真定为古名，雍正时期因避讳改为正定。

⑤ 冰坚可渡，指刘秀被追至滹沱河，恰逢结冰而渡过的故事。《后汉书》卷1上《光武帝纪上》：“（刘秀）至呼沱河，无船，适遇冰合，得过，未毕数车而陷。”

⑥ 大佛，指正定县隆兴寺的观音菩萨像，是中国古代最高大的铜铸佛像。

⑦ 蒲萄河，是当地的俗称，即前文的滹沱河。

⑧ 本篇是从西南向东北来到正定府，此地往西南方向是去山西省，往东南方向至河南省。

⑨ 定州，民国时改为定县，今河北省定州市。

⑩ 冠水，应为滱水，今名唐河。

铺，十里。戚里铺[①]，十里。望都县，十里。有尧女坟，帝尧王处。有大店。良村，十里。光武故里，蒲（满）城、望都交界。五十里铺，五里。太平庄，五里。完城[②]交界。拱震铺[③]，五里。路低，逢雨即难行。方顺桥，五里。新水曲而西流，故曰曲逆[④]。在《左传》上齐夏伐晋取逆畤，即此处。有大店，尖、宿均可，蒲（满）城属。泾阳驿，十五里。燕郭隗故里。郭村，十里。大吉店[⑤]，十里。小吉店[⑥]，十里。保定府，十五里。首县清苑，大店在西关。徐河桥，十五里。清苑、安肃交界。西漕店，十里。过河[⑦]水浅。漕河，五里。平沙路。荆塘铺，五里。荆轲故里。刘祥店，五里。有刘伶庙。安肃县[⑧]，十里。多出白菜，尖、宿均可。白塔铺，十里。麒麟铺，五里。永乐时获麒麟，山西人进上，行至此死，遂葬。田村，五里。田光故里。界牌，五里。安肃、永定交界[⑨]。固城镇，五里。有大店。十五汲，十五里。北河，十五里。白河或易水[⑩]，冬桥夏渡。尖、宿均可。定兴县，十里。多树林，有公馆，无店。新城[⑪]界，十里。多树林。三丈铺，五里。高碑店，十里。新城属，有大店可住。平安店，十里。泽畔店，五里。涿州界。熨斗店，五里。松林店，五里。忠义店，五里。汉张桓侯故里。涿州，十五里。天下各省总会处，官员都从此过。城门对联云：日边冲要无双

---

① 戚里铺，即七里铺。

② 完城，即完县，今改名顺平县。

③ 拱震铺，即拱辰铺，拱辰是拱卫北极星之意，喻指拱卫君王，常用来命名北城门。

④ 曲逆，此地属完县，完县古名曲逆县。

⑤ 大吉店，今名大激店。

⑥ 小吉店，今名小激店。

⑦ 河，指漕河，大清河的支流。下一个地名“漕河”指漕河村。

⑧ 安肃县，民国时改名徐水县，沿袭至今。

⑨ 永定，应改为定兴，此地是安肃、定兴二县交界。

⑩ 白河，应改为白沟河，定兴县城南的河流实为南拒马河，东南流与白沟河汇合。易水，今称中易水，在北河村之西汇入南拒马河，所以南拒马河有白沟和易水两个俗名。

⑪ 新城，指新城县，清代时县城不在本篇路线上，新城县今已改名为高碑店市，县城移至下文的高碑店。

地，天下繁难第一州。交界，太繁。故梁河[①]，十里。仙风坡，五里。硫璃河[②]，十五里。分水铁柱一根，俗传王彦牵稿杆。窦店，十五里。有洪恩寺，窦燕山③故里，毅④居此。良乡属，店大可住。十三里铺，十三里。良乡县[⑤]，十二里。即古燕国，关外有昊天塔。有大店、大公馆。长杨村[⑥]，十里。董公庵，五里。赵新店，五里。长新店[⑦]，五里。芦沟桥，五里。此处有城⑧，设官征税。无论官民到此，皆要纳税，惟有会试比免。大井铺，十里。彰仪门，十五里。有征税银官，以芦沟桥所取之票为例照交。

醴渠岐宝黄凤南，溜马褒沔大宁教[⑨]，朝广昭剑梓绵罗[⑩]，德阳汉州到西川[⑪]。

【略】

---

① 故梁河，即胡梁河。

② 硫璃河，即琉璃河。

③ 窦燕山，即《三字经》中的窦燕山，本名窦禹钧，是“五子登科”典故的主角。《宋史》中并未提到窦禹钧家乡在何处，窦店当地人传说而已。

④ 毅，应改为“仪”，即窦燕山的长子窦仪。

⑤ 良乡县，在20世纪50年代撤并，旧县城在今北京市良乡镇。

⑥ 长杨村，即长阳村。

⑦ 长新店，即长辛店。

⑧ 城，即宛平县下辖的拱极城，民国时成为宛平县城。

⑨ 第一、二句对应前文地名中的醴（礼）泉县、渠（车）村、岐山县、宝鸡县、黄牛铺、凤县、南星、留坝、马道驿、褒城县、沔县、大安驿、宁羌州、转斗铺。

⑩ 本句前两字对应前文的朝天驿、广元县，从第三字开始不是本篇的路程，分别对应地名昭化、剑州、梓潼、绵州、罗江。

⑪ 这句不是前文出现过的地名，是接续第三句，罗列通往成都的地名，分别为德阳、汉州、成都。这首歌诀是行旅之人总结的，作者在蜀道上听到，记在路程书末尾。

七、清代杏坛志川途路程折[①]

聊举大略。

川途路程折贰册

杏坛[②]志

十八日由大安驿行。

住宁羌州。走九十里。离大安驿四十五里过武丁关[③]，上下坡共八里路，不好走。 是日路极难行。

十九日由州行。

住教场坝。走七十里。离宁羌州四十里过萝卜关[④]，由关走十里过黄坝驿，此处极险。再走十五里过石下关，再行过河二里过七盘关，即是四川交界。此关极陡，此关系在七盘岭上。上坡处有一小碑，上书“小心移步”四字。是日路多险处。

二十日由教场行。

住朝天镇。走七十里。走四十里过神宣驿。再走十里龙洞背，即过龙门关，此处有一石洞。是日路尚颇好走。

二十一日由朝天镇行。

---

① 选自《晋商史料集成》第70册第718—727页同名文书。

② 杏坛，应当是作者的字或者号。

③ 武丁关，即五丁关，得名自战国时蜀王派出迎接秦人的五丁力士。

④ 萝卜关，即牢固关，见本书第6篇《清代重庆府至京都路程》。

住广元县。过朝天关，上下坡共二十三里路，极陡险，上有“小心移步”石碑一座。再走六十里即有千佛崖，上边无数佛像，可为一景。是日路不好走。

二十二日由广元行。

住昭化县。走五十三里。是日路尚易行。

二十三日由昭化行。

住剑门驿。走八十里。

由昭化走十五里，过天雄关。上坡十五里，再走十七里至竹垭子。下坡五里，再走十一里过贾家沟。上坡四里，再走八里至七里坡。上下二十里到剑门关，近有剑泉。此关又叫剑阁，即《蜀道难》诗云：剑阁峥嵘而崔嵬。此系川路第一要口，两面山势凛烈。山傍有古碑数十座，并有四个大字，上写：“云环声翠”，一个字四方有二丈之宽大。又有“蜀道难”三字碑一坐（座），又有剑关七十二峰碑。汉姜维驻军处即在此处，是以有其驻军坊一座。碑石太多未能记其详细，举其大略而已。是日道路极难行走，四上坡四下坡，虽是八十里，栈口顶一百步云。

二十四日由剑门行。

住剑州①。走六十五里，路颇难行。

二十五日由剑州行。

住武连驿。走八十里，是日路有小坡。

二十六日由武连驿。

住梓潼县。走八十里。离梓潼二十里即七曲山，此处有文昌宫庙，极大。帝君生于此地，是以居民建庙供养。

二十七日由梓潼行。

住魏城驿。走六十里，路尚易行。

二十八日由魏城行。

住绵州。走六十五里，是日路颇难行。

二十九日由绵州行。

---

① 剑州，今四川省剑阁县。

住金山铺。走六十里，路易行。

四月初壹日由金山铺行。

住德阳县。走八十里。路颇难行。过白马关，旁有落凤坡，即庞统尽忠处。上有靖难坟墓，又有清侯寺。

初二日由德阳行。

住唐家寺。八十三里。

初三日由唐家寺行。

到省[①]。五十七里。

川沿。

① 省，指成都。

八、清代介休至樊城、荆州路程[①]

正面

……[②]

义棠镇至两渡，有车，□□。

两渡至水头，卅里。

水头至坡底，拾里。

坡底至韩信岭，上山，拾里。

韩信岭至仁义，下山，有驴，廿里。

仁义至老张湾，上山，有脚，十五里。

老张湾至师庄，有驴，十五里。

师庄至霍州，下坡，有驴，卅里。有枣儿嘈面。

① 选自《晋商史料集成》第70册第728—739页同名文书。

② 第一列"义堂至两渡"之前无字迹，路程书的反面是从樊城返回介休，终点不是义棠镇，是介休县城里的四升店。推测文书正面的纸头有缺损，起点应是四升店。

霍州至新置[①]，有坡，有脚，廿里。

新置至赵城县，上下坡，卅里。

赵城县至洪桐县[②]，有驴，卅里。

洪桐县至阳曲镇[③]，廿里。

阳曲镇至天井，有驴，十五里。

天井至高河桥，十五里。

高河桥至平阳府，有驴，十里。

平阳府至岔口，五里。

岔口至赵曲镇，有驴，卅五里。

赵曲镇至史村驿，廿里。

史村驿至蒙城，上城（坡），有脚，廿里。

蒙城至高县，下坡，有脚，廿里。

高县至郭马，廿里。

郭马至侯马，犬（大）地，十五里。

侯马至隘口，有车，廿里。

隘口至东镇，有驴，卅里。

东镇至闻喜县，卅里。

闻喜县至胡张，廿五里。

胡张至尉郭村，有车，十五里。

尉郭村至夏县，走西城根有车[④]，十五里。

夏县至王峪口，有车，十五里。

---

① 新置，即辛置。

② 洪桐县，即洪洞县。

③ 阳曲镇，即杨曲镇。

④ 西城根有车，本书第4篇《清代贾来顺记平阳府太平县至荆州府路程》“下（夏）县”注“西关有数家大店”，可参看。

王峪口至张店园，大地①，廿里。

张店园至把镇②，卅里。

把镇至河头街③，过河，廿里。

介休县到黄河共路程六百七十五④。

河头街至会兴头，上坡，十里。

会兴头至磁钟，十五里。

磁钟至张茅，廿五里。

张茅至硖石，有驴，廿里。

硖石至观音堂，上坡，有脚，廿五里。

观音堂至白埠，有脚，廿里。

白埠至李村，上坡，有脚，十五里。

李村至河底，有车，廿五里。

河底至石村，上山，有车，十五里。

石村至四科树⑤，无店，十里。

四科树至韩城，有车，十五里。

韩城至连庄，过河⑥，十五里。

连庄至西赵堡，廿里。

西赵堡至东赵堡，十里。

东赵堡至拾（十）字岭，十里。

---

① 大地，大地方的简称，此地是大市镇的意思。

② 把镇，即八政。

③ 河头街，就是茅津渡。

④ 从两渡至河头街共 625 里，加上缺损的义棠镇至两渡的里数（反面记录为 20 里），也不足总计的 675 里。缺损的纸头应当记录了 40—50 里的路程和地名，方可凑足 670 里。

⑤ 四科树，即四棵树。

⑥ 河，是洛河。

十字岭至白杨树，有驴，廿里。

白杨树至宋店，廿里。

宋店至大辛店，过河[①]，有脚，十里。

大辛店至寨子街，有驴，十里。

寨子街至内埠，卅里。

内埠至临汝，有车，十八里。

临汝至汤锅[②]，有车，十八里。

汤锅至杨家楼，过河[③]，十八里。

杨家楼至十字楼，有驴，大虎狼[④]，廿里。

十字楼至马川，有驴，十里。

马川至半扎，有驴，十五里。

半扎至大营，有驴，上山，廿五里。

大营至捞饭店，有脚，十五里。

捞饭店至郎店，不住，十里。

郎店至段店，十里。

段店至鲁山县，廿里。

鲁山县至苒河[⑤]，过河[⑥]，十五里。

苒河至交口过河，廿五里。

交口至四拾里铺，十里。

四十里铺至铁牛庙，过河，十五里。

---

① 河，是伊河。

② 汤锅，在今汝州市温泉镇，古名汤王。

③ 河，今名北汝河。

④ 大虎狼，翻越的山岭俗名叫“虎狼爬”，见本书第4篇《清代贾来顺记平阳府太平县至荆州府路程》注释。

⑤ 苒河，即瀼河，是地名，在今鲁山县让河乡。

⑥ 河，为滍水，又叫沙河，是汝水的支流。

铁牛庙至南召县（店），廿二里。

南召店至南召县，有车，三里。

南召县至拐角铺，过河[①]，十里。

拐角铺至曹家店，不敢住，卅里。

曹家店至抬头，十里。

抬头至石桥驿，有脚，卅里。

石桥驿至蒲山店，十贰里。

蒲山店至槐树湾，十三里。

槐树湾至三里桥，廿二里。

三里桥至南阳府，有车，过河，三里。

南阳府至卅里屯，有车，卅里。

卅里屯至瓦店，有车，卅里。

瓦店至桐树店，有车，十八里。

桐树店至罗店，十二里。

罗店至三里河，廿七里。

三里河至新野县，有车，三里。

新野县至新店铺，过河，卅里。

新店铺至吕阳驿[②]，有车，四十里。

吕阳驿至桐树店，有车，过河，四十里。

桐树店至大马头[③]，廿里。

介休县到樊城路程九佰九拾六里[④]，六佰七拾五里[⑤]。

---

① 河，为白河的上游鸭河。

② 吕阳驿，即吕堰驿。

③ 大马头，指樊城的大码头。

④ 从河头街至大马头共989里，约等于总计的996里。

⑤ 此处675里是介休到河头的里数，介休到樊城的里数应当是996加675，为1671里。

襄阳府至欧家庙，有脚，五十里。

欧家庙至宜城县，有脚，四十里。

宜城县至辛店，过河，四十五里。

辛店至丽阳驿，四十里。

丽阳驿至乐乡关，四十里。

乐乡关至小南桥，四十里。

小南桥至荆门州，四十里。

荆门州至团林铺，四十里。

团林铺至建阳驿，四十五里。

建阳驿至四方铺，四十里。

四方铺至荆州府，五十里。

樊城至荆州府共计路四佰八十里①。

介休至荆州府共路贰千一佰五十一里。

反面

宋家堰②，十里。

黄渠河，十五里。

新店铺，十五里。

沙台店，十五里。

新野县，廿里。

---

① 从襄阳府到荆州共470里，约等于总计的480里。

② 宋家堰，反面写樊城返回介休的路程，第一站为宋家堰。去程和回程的路线不完全相同。

赵庄，廿里。

桐树店，五里。

界冢[①]，捌里。

八里庄，捌里。

瓦店，卅里。

卅里屯，十二里。

十八里屯，十八里。

南阳府，廿五里。

槐树锁[②]，十三里。

普山店[③]，十二里。

石桥驿，廿里。

黄路店[④]，十里。

抬头河，十里。

曹家店，廿五里。

拐角铺，十五里。

南召县，廿五里。

铁牛庙，廿五里。

交口，廿五里。

穰河[⑤]，十五里。

鲁山县，十里。

十里铺，捌里。

段店岭，十里。

---

① 界冢，又名界中。

② 槐树锁，即槐树湾。

③ 普山店，即蒲山店。

④ 黄路店，即皇路店。

⑤ 穰河，即瀼河，见“苒河”注。

蓝店[1]，十里。

捞饭店，十五里。

大营，廿五里。

半扎，十五里。

马家川，十里。

十字楼，十里。

砧铁楼，十里。

杨家楼，十捌里。

汤过[2]，十捌里。

临汝镇，十捌里。

内埠，十里。

小新店，廿里。

寨则街，十里。

大新店，十里。

宋店，廿里。

白杨树，廿里。

十字岭，十里。

东赵堡，捌里。

西赵堡，五里。

由路口[3]，捌里。

破窑，捌里。

梁庄[4]，十五里。

---

① 蓝店，即正面地名“郎店”。

② 汤过，即正面地名“汤锅”。

③ 由路口，即油路口。

④ 梁庄，即连庄。

韩城，十五里。

四科树，十里。

石村，十五里。

河底，廿五里。

李村，十五里。

白埠，廿里。

观音堂，廿里。

峡石驿[①]，廿里。

张茅，廿五里。

磁钟，十五里。

会兴头，五里。

河头街，廿里。

巴镇[②]，卅里。

张店园，廿五里。

王岳口[③]，十五里。

夏县，十五里。

玉果村[④]，十五里。

胡张，廿五里。

闻喜县，卅里。

东镇，十里。

闻店镇，廿里。

隘口，廿里。

---

① 峡石驿，即硖石驿。

② 巴镇，今名八政村。

③ 王岳口，即王峪口。

④ 玉果村，即正面地名“尉郭”，尉读 yù，反面地名讹为“玉”。

候马镇[①]，卅里。

高县，廿里。

蒙城，廿里。

史村驿，廿里。

赵曲，卅里。

岔口，五里。

平阳府，廿五里。

天井关，卅五里。

洪同县[②]，卅里。

赵城县，卅里。

新置[③]，廿里。

霍州，卅里。

市庄[④]，卅里。

仁义镇，廿里。

韩信岭，廿里。

灵石县，卅里。

两渡镇，卅里。

义棠镇，廿里。

十里铺，十里。

四升店[⑤]，捌里。

樊城到介休共路程一仟六佰六十【里】[⑥]。

---

① 候马镇，即侯马镇。

② 洪同县，即洪洞县。

③ 新置，即辛置。

④ 市庄，即师庄。

⑤ 从里程看，四升店在介休城内，应当不是地名，而是一个字号名。

⑥ 从宋家堰到四升店共 1590 里，约等于总计的 1660 里。

九、清代忻州至归化城路程[①]

山西忻州城起四十五里，金山铺三十五里，原平镇[②]八里，五严十二里，北极七里，南阳店十五里，崞县城[③]十里，十里铺五里，大营村五里，王东十里，班正十里，阳鸣堡[④]五里，古城十里，下田铺三里，圪驼店二里，鬼家窑子五里，陈家庄五里，四道石尔[⑤]五里，南口五里，前腰铺十里，傅家皮尔五里，雁门关顶十里，后腰铺十里，光武[⑥]十里，水河铺五里，张家庄十里，陆家庄十里，万家庄十里，老□□十里，薛家圐圙二十里，安应子十里，岱岳镇[⑦]十里，新岱岳□里，西流村[⑧]五里，黄家堡二铺三里，郑家庄三里半，黄花尔梁八里半，新兴旺庄十里，刘万庄[⑨]五里，万庄铺十五里，大鱼口[⑩]十里，吴家窑八里，黄家窑店七里，四十里庄五里，张家店二里，柳树圪妥店八里，马道头五里，大堡梁十里，马舌

---

① 选自《晋商史料集成》第70册第740—744页同名文书。

② 原平镇，今山西省原平市。

③ 崞县城，今原平市崞阳镇，新中国成立后县城从此地搬至原平镇。

④ 阳鸣堡，即阳明堡。

⑤ 四道石尔，即试刀石。

⑥ 光武，即广武。

⑦ 岱岳镇，1937年山阴县城搬至此地，沿袭至今。清代的山阴县城不在本篇的路线上。

⑧ 西流村，即辛留村。

⑨ 刘万庄，即刘晏庄。

⑩ 大鱼口，即大峪口。

头①十里，何家村十五里，青架山十二里，邓家村五里，鱼古尔同十里，油房梁七里，三叉口②八里，黄土坡③十五里，红土里尔④二十里，右玉县⑤八里，马营河十二里，杀虎口十里，圪针沟十里，场汉营⑥五里，草窑子十五里，黄家窑子八里，缸房窑子二里，将军梁七里，永兴沟五里，宁远厅⑦五里，韩家棚子五里，毛安石头五里，坝梁尔五里，倒拉素十三里，阳坡窑子五里，五兰场必八里，西沟门十里，新营子十里，舍并崖八里，黑炭板十二里，羊盖板申三十五里，大黑河十里，小黑河五里，五里营子五里，古丰归化城⑧。

京师至盛京兵部衙门一千四百七十九里⑨，京师至直隶总督驻扎所三百三十里，京师至山东巡抚驻扎所九百三十九里，京师至河南巡抚驻扎所一千五百四十里，京师至山西巡抚驻扎所一千二百十五里，京师至江南总督⑩驻扎所二千二百七十二里，京师至江苏巡抚驻扎所二千六百五十五里，京师至安徽巡抚驻扎所二千五百三十七里，京师至浙江巡抚驻扎所三千零三十里，京师至福建督抚驻扎所四千七百八十五里，京师至台湾巡抚驻扎所七千二

① 马舌头，即麻黄头。

② 三叉口，向北的路通向杀虎口（见下文），向西南的路通向朔州，向东南的路通向山阴（见上文），还有一条东通左云、大同的路，此地也可称作四岔口。

③ 黄土坡，又称黄土堡。

④ 红土里尔，又称红土堡。

⑤ 右玉县，清代的县城在今右玉县右卫镇，20 世纪 70 年代县城搬至前文“三叉口”附近。

⑥ 场汉营，即厂汉营。

⑦ 宁远厅，民国时改名为凉城县，后凉城县城从此地迁走，地在今内蒙古自治区凉城县永兴镇。

⑧ 古丰，清代人对归化的称呼，因辽金元时期归化城地属于丰州。归化城商业繁荣，晋商目的地大都是归化城。绥远城与归化城距离很近，但不在一地。

⑨ 路程书第二段写京师至各省省会的里程，可能是从日用类书中摘抄，属于生活常识类知识，能看出本篇的作者有独特的兴趣点。

⑩ 江南总督，是两江总督的旧称，江南总督在康熙年间已经改为两江总督，驻南京。

百五十里，京师至江西巡抚驻扎所三千一百二十九里，京师至广东巡抚驻扎所五千六百七十四里，京师至广西巡抚驻扎所四千八百二十五里，京师至湖北督抚驻扎所二千八百二十五里，京师至湖南巡抚驻扎所三千七百九十五里，京师至云南督抚驻扎所五千九百里，京师至贵州巡抚驻扎所四千八百八十二里，京师至陕西巡抚驻扎所二千六百十五里，京师至甘肃总督驻扎所三千九百三十五里，京师至新疆巡抚驻扎所八千四百九十里，京师至四川总督驻扎所四千七百三十五里。[①]

① 光绪十年（1884）新疆建省，光绪十一年（1885）台湾建省，光绪三十三年（1907）东北建立三个省。这本路程抄写时新疆、台湾已经建省，东三省未建省，则抄写年代上限是光绪十一年，下限不必拘于光绪三十三年，大致在宣统三年（1911）。

十、山西介休至湖北京山县路程[1]

正面

西路路程

壹路通顺。

万事遂意。

介休县，贰拾里。

义棠镇，叁拾里。

两渡镇，灵石管，叁拾里。

水头，驴多②，拾里。

坡底，拾里。

韩侯岭，拾里。

---

① 选自《晋商史料集成》第71册第1—11页《清代〈山西介休至湖北京山县路程〉》。

② 多条作者小注提到雇驴或车，没有从起点开始坐车（驴），应是路上见机行事。本书第14篇《自祁至汉路程目》雇车从祁县直达汉口，可作比较。

关庙，拾里。

仁义驿，拾五里。

老张湾，车少，上下山路，拾五里。

师庄，山路下坡，叁拾里。

霍州，店多，车多，贰拾里。

幸置①，有车，叁拾里。

赵城县，霍州管，车多，叁拾里。

洪洞县，叁拾五里。

天津村②，平阳府管，有车，贰拾五里。

平阳府，五里。

岔口，叁拾五里。

赵曲镇，贰拾里。

史村驿，拾里。

阎店，小地方，过豫让桥，文仲子③故里，拾里。

蒙城镇，有车，拾里。

北辛店，小地方，拾里。

高显镇④，有车，又到阳村十里，贰拾里。

郭马，里大，拾里。

候马⑤，拾里。

隘口，拾里。

兰德镇，偏左有小路近，拾里。

梨园，拾里。

---

① 幸置，即辛置。

② 天津村，即天井村。

③ 文仲子，应为文中子，是隋朝人王通的号。

④ 高显镇，清代高县镇，今名高显。

⑤ 候马，即侯马。

问店，拾里。

东镇，过郭璞读书处，十里冯家店，叁拾里。

闻喜县，裴晋公故里，正西是潼关大路，出西关往东南走十里到界牌，贰拾五里。

胡张镇，拾五里。

尉郭村，拾五里。

夏县，走城外有司马温公故里，有碑，路碑云故地名虞城县①，拾八里。

王峪口，贰拾贰里。

张店原，上山，贰拾里。

台观，里小，拾里。

八政，拾里。

圣人街②，传说故里，有碑，拾里。

茅津渡，又名河头街，平六（陆）县管，小心过河，拾里。

会兴头，过河至南门口，河南陕州管，拾五里。

磁钟，拾叁里。

柳叶镇，小地方，拾贰里。

张茅，漫山路，贰拾里。

硖石驷③，贰拾五里。

观音堂，偏庙南走到京大路，为去是河南府④、周家口⑤、赊旗镇⑥、汴梁⑦，贰拾里。

---

① 虞城县，应为虞邑县，唐代曾改称虞邑县。地名中的“夏”“虞”都是指夏朝在此建都。

② 圣人街，即圣人涧镇，今平陆县城。

③ 硖石驷，即硖石驿。“驿”经常写为“驲”，“驲”又误为“驷”。

④ 河南府，治今河南省洛阳市。本书第 24 篇《走汉口路程》中，观音堂往正东方向可到洛阳县。洛阳再往东走可到开封府，就是此处所说的“去京大路”。

⑤ 周家口，从开封城南的朱仙镇进入贾鲁河可到周家口。

⑥ 赊旗镇，清代为镇，今河南省社旗县。

⑦ 汴梁，指开封城。

白阜，小地方，拾五里。

李村，拾叁里。

普陀店，小地方，拾贰里。

河底镇，永宁县①管，过河滩，水时有时无，拾五里。

石村，过河十五里到关庙，贰拾五里。

韩城镇，宜阳县管，古韩国公有分县，过河苛人②，有车，价贵，拾五里。

连庄，过河，拾里。

坡底，拾里。

要路口③，漫土山路，五里。

西赵保，拾里。

东赵保，拾里。

十字镇，有塞（寨），拾贰里。

东漫流，八里。

白杨树，有塞（寨），大地方，拾里。

坡头街，有寨，拾里。

宋店，小寨，拾里。

大辛店，河南宜阳县管，过河有义渡，舟最苛人④，拾里。

寨子街，大辛店寨出抵针，正名白杨镇，里小，十八里过河，贰拾里。

小辛店，拾贰里。

内埠镇，有寨，拾八里。

临汝镇，东西大路，要路口，拾八里。

---

① 永宁县，民国时改为洛宁县，沿袭至今。

② 苛人，大概是指渡口要价高、难为人。本书第 4 篇《清代贾来顺记平阳府太平县至荆州路程》记此处有“匪人”。

③ 要路口，即油路口。

④ 苛人，本书第 4 篇《清代贾来顺记平阳府太平县至荆州府路程》记此处“过河难过”，意同。

汤锅，有汤王庙，有热泉水①在庙内，七里。

张家寨，过河苛人……拾一里。

杨家楼，过河，到十月……拾里。

镇铁楼，走寨外由此到半札，□路难行，名“虎狼怕”②，有驴，贵，情愿雇驴，拾里。

十字楼，驴多，拾里。

马川镇，寨名曰“人和”，地方可住，拾里。

半札镇，漫山路，由此到店头、大营都可雇驴，拾叁里。

店头，走寨外，拾贰里。

大营镇，大地方，砖寨，有车走寨外，住南关，拾五里。

捞饭店，小地方，拾里。

兰店，鲁山县属，有驴，至鲁山县切物（勿）坐车，山路，拾里。

段店，山路，拾里。

十里铺，拾里。

鲁山县，由西关往南拐，又向西拐，南出寨南门，有车，过河走沙滩，汝州属，拾五里。

瀼河，寨有“瀼环”二字，过河过山沙滩，贰拾五里。

交口，走沙滩乌雅路③，到苏家店七里，贰拾五里。

铁牛庙，拾里。

辛店，小地方，过小河，叁里。

北召店，十贰里。

南召店，住店，过河摊（滩），贰里。

南召县，南阳府管，走东关过河摊（滩）至草店，过已（几）次小河，贰拾

---

① 热泉水，指温泉。

② 虎狼怕，本名胡浪岭，山上尽是鹅卵石，所以说“路难行”。

③ 乌雅路，即乌鸦路。

五里。

草店，走十里朱砂铺，无好店，贰拾里。

曹家店，过河，比朱砂铺大，有寨，十里。

抬头，小地方，过河，如水大亦可搭舟到樊①，出寨向南偏右行，十贰里。

黄楼店②，过河，有寨“平安”，比抬头好，十八里。

石桥驿，有寨颇好，地方有车有舟，十贰里。

蒲山店，山上有寨，出白石次玉，十叁里。

槐树湾，廿五里。

南阳府，穿城过，住在北关，出南关过河，十八里。

十八里屯，过河，十贰里。

三十里屯，十五里。

圪琅店，十五里。

瓦店③，大地方，可住，八里。

八里铺，五里。

界中④，七里⑤。

桐树店，沿河边走，十贰里。

骆店，十贰里。

赵庄，贰拾里。

新野县，住南关，叁拾里。

新店铺，过河，有寨可住，十五里。

黄渠河，此地三不管，人心不好，廿五里。

---

① 此地是白河上游，可沿白河、唐白河到达樊城，方向大致与陆路相同。

② 黄楼店，即皇路店。

③ 从此地开始与下文的东路路线重合，以下作者小注较少，商人使用时可以翻看东路地名。

④ 界中，又名界冢。

⑤ 按《东路路程》，此处可补为“七里”。

吕堰驿，叁拾里。

叶家店，十里。

桐树店，贰拾里。

樊城镇，十五里。

石灰窑，又名竹笆，沿江边走，有驴，十五里。

独树铺，五里。

新集铺，十里。

〈马家集〉

欧家店，官牛家庙，十五里。

小河街，十五里。

明静店，小地方，十五里。

宜城县，店在东关，廿五里。

陈国店，五里。

槐树井，贰拾里。

蒲河老，十五里。

倒口，十五里。

赚头湾，十五里。

周家嘴，十五里。

六官塘，十五里。

龚家集，十里。

二神庙，五里。

池河口，十五里。

安陆府[1]，十里。

萧家店，贰拾里。

---

① 安陆府，治今湖北省钟祥市。

梅子铺，十五里。

马家集，十叁里。

木马岭，十贰里。

永东驿，十贰里。

高庙，十叁里。

官桥铺，廿五里。

孙家桥，贰拾里。

哈风店，十里。

京山县，往前再走者，再作道理。

以上共计壹佰四十个地名①，贰千零七拾贰里②。

【略】③

反面

东路路程

壹路福星。

平安锦旋。

介休城，叁拾里。

连福村，贰拾里。

---

① 140个地名中，标记了里数的地名共139个。还有一个马家集，作者用三角符号标示，意为衍文，无里数。

② 140个地名中，除去“界中”的里数漫漶不清，其他里数相加为2055里。“界中”据后文补为“七里”，总共是2065里，约等于总计的2072里。

③ 后面是圆珠笔杂记，应为作者的后人书写。

西亚村，拾五里。

关陡岭，大山路，五里。

王和村，好小米，八里。

松树则，贰拾贰里。

王陶，大地方，上山路，贰拾里。

才子坪，叁拾里。

老君都，拾五里。

郭道村，大地方，过朱王岭，叁拾里。

小张，贰拾里。

沁源县，肆拾里。

凤村，叁里。

柳湾，五里。

麻坪村，过吊稍岭，叁拾五里。

瓦沟，八里。

张店村，叁拾贰里。

河神庙，有骡柜①，一个牲口四十文，叁拾五里。

鲍店，好地方，有大店，拾五里。

岚水村，拾里。

草坊镇，拾五里。

长子县，拾里。

普头村，贰拾里。

南张岭，过丹朱岭，叁拾里。

长平驿，拾里。

寺庄村，贰拾里。

---

① 骡柜，出租骡子的店铺。

高平县，叁拾里。

乔村驿，拾里。

三家店，贰拾里。

巴公镇，叁拾里。

七岭店，八里。

泽州府，上太行山，叁拾里。

坡头村，贰拾里。

天井关，拾五里。

拦车镇，有驴柜，一个牲口五十文，有好店，贰拾五里。

大口村，拾五里。

小长平，贰拾五里。

辛店，有好店，五里。

许良镇，拾五里。

清华镇[①]，有好大店，贰拾五里。

南石间村，肆拾五里。

木栾店，贰拾五里。

庙工[②]，叁拾五里。

性作口，过黄河，贰里。

干霖，贰拾五里。

拾里铺，拾里。

郑州，好地方，可住，拾里。

兴仁镇，拾五里。

林锦店，拾五里。

---

① 清华镇，即清化镇。

② 庙工，今名庙宫村，在黄河以北。

郭店驿，贰拾里。

贰拾里铺，贰拾里。

新郑县，拾五里。

梨河，拾五里。

会河，拾贰里。

太平店，拾八里。

石固，出好布，贰拾里。

水阳寒，拾八里。

门了，拾贰里。

颖桥，过河，肆拾里。

襄【城】县，叁拾里。

辛店，拾贰里。

藕粉桥，拾八里。

叶县，拾贰里。

尤潦铺，拾八里。

旧县，叁拾里。

保安驿，贰拾里。

独树，拾里。

拌倒井，拾里。

招抚岗，贰拾里。

裕州①，拾里。

西拾里铺，八里。

廊封镇，拾八里。

赵河，叁拾里。

① 裕州，治今河南省方城县。

博望镇，叁拾里。

新店，叁里。

陇西寨，拾七里。

李八庙，拾里。

栗河店，叁拾五里。

双关庙，贰拾五里。

瓦店，大地方，与西路同[①]，八里。

八里铺，五里。

界中，七里。

桐树店，沿河边走，拾贰里。

骆庄，拾贰里。

赵庄，贰拾里。

新野县，住南关，叁拾里。

新店铺，拾五里。

黄渠河，三不管，小心为妙，贰拾五里。

吕堰驿，叁拾里。

叶家店，拾里。

桐树店，贰拾里。

樊城镇，至此……四十一里……二百，拾五里。

石灰窑，拾五里。

独树铺，五里。

新店铺，拾里。

欧家庙，拾五里。

小河，拾五里。

---

① 从此地开始，与《西路路程》相同。

明静店，拾五里。

宜城县，贰拾五里。

金家铺，有驴，拾五里。

新店，有驴，出街口过河，拾五里。

八里岗，小地方，拾五里。

快活铺，可打尖、过中①，拾里。

求场铺，小地方，五里。

胡家集，地方好，莫②店，五里。

丽阳驿，钟祥县管，有丞③，大店，拾里。

火石山，几家铺，拾里。

班竹铺，小地方，有驴，拾里。

火石铺，几家铺，拾里。

乐乡观④，贰拾里。

石桥驿，贰拾五里。

小南桥，拾五里。

子林铺，贰拾里。

荆门州，拾里。

茶亭，拾里。

掇刀石，贰拾里。

团林铺，有大店，拾叁里。

鸦陂铺，拾贰里。

杨家集，小地方，拾叁里。

---

① 过中，吃顿简单的午餐。

② 莫，方言中“没有”的意思。

③ 有丞，此地为钟祥县丞治所。

④ 乐乡观，即乐乡关。

五里铺，有面，拾五里。

建阳驿，有大店，七里。

新铺河，三两家[①]，拾里。

十里铺，拾里。

竹鸡铺，拾里。

四方铺，有大店，贰拾里。

砖硚，小地方，五里。

马家店，小地方，拾里。

龙背桥，五里。

十里铺，拾里。

荆州府，拾里。

沙市镇，叁拾里。

观音寺，叁拾里。

马家寨，叁拾里。

郝穴镇，如往前再走者，再作道理。

以上东路共计地名壹佰叁拾伍个[②]，里数贰千贰佰九拾八里。

【略】[③]

---

① 三两家，有三两家饭店。

② 东路地名共计 134 个。

③ 后文为各种黄道日，再后是现代人用圆珠笔和钢笔写的杂记。

十一、太平县至山陕甘三省上路花折[①]

张吉祥堂记

山陕甘三省上路花折

太平县[②]，贰拾五里。

师庄，贰拾五里。

绛州，壹拾里。

三家店，叁拾里。

薛家庙，叁拾里。

问（闻）喜城，四拾里。

水头，叁拾五里。

将军庙，贰拾里。

北头镇，贰拾里。

李汉，叁拾五里。

① 选自《晋商史料集成》第71册第12—17页《清代张吉堂折〈太平县至山陕甘三省上路花折〉》。本篇地名主要依照林则徐《壬寅日记》（《林则徐集·日记》，中华书局1962年版，第406—443页）和陶保廉《辛卯侍行记》卷三（中国国际广播出版社2016年版，第96—144页）修正。

② 太平县，在今襄汾县古城镇。

祈忍[①]，四拾里。

七汲镇[②]，贰拾五里。

北甫头，壹拾八里。

吕自镇[③]，叁拾五里。

汉阳镇[④]，贰拾里。

薄（蒲）州府，壹拾五里。

可河[⑤]，壹拾五里。

潼关城，叁拾五里。

华衣庙[⑥]，柒拾五里。

华州[⑦]城，五拾里。

渭南县，四拾里。

临口[⑧]，九拾里。

西安省[⑨]。

以上共总计路柒佰贰拾捌里。

西安省，贰拾里。

三桥，叁拾里。

咸阳[⑩]，贰拾里。

尚招，贰拾里。

---

① 祈忍，即祁任。

② 七汲镇，即七级镇。

③ 吕自镇，即吕芝镇。

④ 汉阳镇，即韩阳镇。

⑤ 可河，又称合河，今芮城县匼河村，匼音 kè。

⑥ 华衣庙，即华阴庙，又称华岳庙，在距华阴县城约 15 公里处。

⑦ 华州，民国时改为华县，今渭南市华州区。

⑧ 临口，即零口，位于零水（渭河的支流）出谷之口而得名。

⑨ 西安省，指陕西省城西安。

⑩ 咸阳，指咸阳城，清代为县城。

殿章驲[①]，叁拾里。

醴泉县，贰拾里。

杨家庄，壹拾四里。

柳门[②]，壹拾五里。

田家鸟[③]，壹拾里。

铁佛寺，四拾里。

坚记镇[④]，贰拾里。

小毫店[⑤]，贰拾里。

永寿县，四拾里。

代峪[⑥]坡，叁拾里。

邠州[⑦]，壹拾里。

水连洞[⑧]，壹拾里。

大佛寺，贰拾里。

停口[⑨]，五里。

二倘，叁拾里。

长武县，叁拾里。

姚店[⑩]，壹拾五里。

瓦玉驲[⑪]，壹拾五里。

---

① 殿章驲，即店张驿。

② 柳门，即陆陌，或叫六陌。

③ 田家鸟，即田家坳。

④ 坚记镇，即监军镇。

⑤ 小毫店，即小蒿店。

⑥ 代峪，即大峪。

⑦ 邠州，民国时改为邠县，20 世纪 60 年代改名为彬县，今陕西省彬州市。

⑧ 水连洞，即水帘洞。

⑨ 停口，即亭口。

⑩ 姚店，即窑店。从此开始进入甘肃境内。

⑪ 瓦玉驲，即瓦云驿。

高家鸟[①]，叁拾五里。

圪瘩关[②]，壹拾里。

经（泾）州，叁拾里。

王村，贰拾里。

花芽庄[③]，贰拾里。

白水驲（驿），叁拾里。

四拾里铺，贰拾里。

二拾里铺，贰拾里。

平凉府，贰拾里。

宜先镇，贰拾里。

安古镇[④]，叁拾里。

三关口，贰拾里。

瓦廷河，壹拾五里。

和尚铺，壹拾五里。

六盘山，五里。

杨家庄，壹拾五里。

隆德县，叁拾里。

沙塘铺，壹拾五里。

神灵铺[⑤]，壹拾五里。

乱柴铺，叁拾里。

静宁州[⑥]，贰拾里。

---

① 高家鸟，即高家坳。

② 圪瘩关，即疙瘩关。

③ 花芽庄，又名花所镇。

④ 安古镇，即安国镇。

⑤ 神灵铺，即神林堡。

⑥ 静宁州，今甘肃省静宁县。

齐家大山[①]，贰拾里。

高家堡，壹拾五里。

界石铺，叁拾里。

青江驲（驿），贰拾里。

太平店，贰拾五里。

柴家嘴[②]，四拾五里。

会宁县，贰拾里。

鸡尔嘴，贰拾里。

樱桃河湾，贰拾里。

西公驲[③]，壹拾里。

王公桥，贰拾里。

青凉山[④]，叁拾里。

安定县，贰拾里。

二拾里铺，贰拾里。

站口[⑤]，贰拾里。

称钓驲[⑥]，壹拾五里。

井家泉[⑦]，壹拾五里。

车道岭，贰拾里。

甘草店，贰拾里。

青水驲[⑧]，贰拾五里。

---

① 齐家大山，即祁家大山。

② 柴家嘴，俗名翟家所。林则徐《壬寅日记》记："翟家所，土人谓之柴家嘴。"

③ 西公驲，即西巩驿。

④ 青凉山，即青岚山。

⑤ 站口，即巉口。

⑥ 称钓驲，即称钩驿。

⑦ 井家泉，即景家泉。

⑧ 青水驲，即清水驿。

下关营[①]，叁拾里。

金家岩[②]，贰拾里。

小水子[③]，贰拾里。

东关坡，贰拾里。

甘肃兰州省[④]。

以上共计路土贰千壹佰四拾贰里[⑤]。

【略】[⑥]

---

① 下关营，即夏官营。

② 金家岩，即金家崖。

③ 小水子，即响水子。

④ 本篇路线与本书第 3 篇《宣统三年东雍涌泉柳恩波记志绛州苏村至兰州、西宁路程本》中的《上西南大路》走向相同。

⑤ 以上从西安到兰州共计 1419 里，加上太平县至西安的 728 里，从太平县到兰州应为 2147 里，约等于总计的 2142 里。

⑥ 后面是铅笔和圆珠笔写的杂记，应是作者后人书写。

十二、民国十三年京绥京汉铁路票价货运价目本①

京绥路于民国十三年玖行公里运货四等价起码表

一百里以内三毛七分四厘八毫②合③，二百里以内三毛六分五厘四毫合。

三百里以内三毛五分六厘一毫合，四百里以内三毛四分六厘七毫合。

五百里以内三毛三分七厘三毫合，六百里以内三毛二分七厘九毫合。

七百里以内三毛一分八厘五毫合，八百里以内三毛零九厘一毫合。

九百里以内二毛九分九厘七毫合，一千里以内二毛九分零三毫合。

---

① 选自《晋商史料集成》第71册第18—27页同名文书。

② 三毛七分四厘八毫，即0.3748元。厘、毫这两种单位不用于货币流通，只用于计算。单价乘重量是总价，单价越精确，货运量大时总价才会越准确。

③ 合，计算、合算。从文中可看出里程越长，单位重量单位距离的运价越低。

每公里一里合华里一里八二。

绥远较北京高约三千三百零九英尺①。

包头至丰台八百一十七公里。

包头至丰台一千四百八十七华里。②

京绥路运货四等专价③每十吨正票底

由西直门至各站公里列下④：

清华园六里，二元二毛五分。清河十一里，四元一毛二分三厘。

沙河廿五里，九元三毛七分。昌平三十一里，十一元六毛一分九厘。

南江（口）四十里，十四元九毛九分二厘。青龙桥四十八里，十七元九毛九分。

康庄七十里，二十六元二毛四分。怀来八十二里，三十元七毛三分六厘。

土木九十七里，三十六元三毛六分。沙城一百零四里，三十八元九毛四分二厘。

保安一百一十四里，四十二元二毛三分。下花园一百三十里，四十八元七分七厘。

辛庄子一百四十里，五十一元九毛九分六厘。宣化一百五十五里，五十七元二毛三分。

---

① 三千三百零九英尺，约等于1008米。此处讲的是海拔之差。

② 京绥路在民国十年（1921）通车，绥远至包头段在民国十二年（1923）建成通车。这本路程是民国十三年（1924）抄成，虽用"京绥路"的名字，终点已经到包头。京绥路在新中国成立后改名为京包铁路。

③ 运货四等专价，据前一段标题，缺字补为"货四"。

④ 本篇和下一篇均记录起始站至每一站的距离和票价，不再像清代路程书那样记录每两个站点的距离。这种路程书是从一种火车价表摘抄、改写的，民国时的火车价表有实物留存至今。

沙岭子一百六十九里，六十二元六毛九分二厘。宁远一百七十七里，六十六元六毛一分六厘。

张家口一百八十七里，六十九元二毛七分。孔家庄二百零五里，七十五元四毛四分四厘。

郭磊庄二百二十一里，八十一元一毛四分二厘。柴沟堡二百三十五里，八十六元一毛二分七厘。

西湾堡二百四十四里，九十一元四毛六分。永嘉堡二百六十五里，九十七元一毛二分六厘。

天镇二百八十三里，一百零三元五毛八分。罗文皂二百九十七里，一百零八元五毛二分。

阳高三百一十二里，一百一十三元七毛九分。王官人屯三百二十七里，一百一十八元九毛九分。

聚乐堡三百四十一里，一百二十三元八毛四分。周士庄三百五十三里，一百二十八元五厘。

大同三百六十九里，一百三十三元五毛二分。孤山三百八十二里，一百三十八元六分。

堡子湾三百九十九里，一百四十三元六毛五分。丰镇四百一十四里，一百四十九元二分二厘。

辛安庄四百三十里，一百五十四元四毛二分。红砂坝四百五十里，一百六十一元一毛七分。

官村四百六十四里，一百六十五元七毛一分。苏集四百八十里，一百七十一元二毛八分四厘。

平地泉四百九十六里，一百七十六元五毛九分。三岔口五百一十一里，一百八十一元六毛四分。

八苏木五百二十一里，一百八十四元九毛二分。十八召（台）五百三十四里，一百八十九元一毛八分。

马盖圈五百四十八里，一百九十三元七毛七分。卓资山五百六十一里，一百九十八元三分。

福生庄五百七十五里，二百零二元六毛二分二厘。三道营五百九十里，二百零三元一毛一分。

旗下营六百零三里，二百一十一元七毛八分，陶卜齐六百二十一里，二百一十七元五毛七分。

白塔六百三十九里，二百二十二元六毛一分五厘。绥远[①]六百五十四里，二百二十八元二分。

台阁牧[②]六百七十三里，二百二十四元七分。毕克齐[③]六百九十一里，二百三十九元八毛四厘。

察素齐[④]七百零五里，二百四十四元二毛一分五厘。陶思浩七百二十二里，二百四十九元四毛七分。

麦达台[⑤]七百四十里，二百五十五元三分。萨拉齐七百五十八里，二百六十元六毛。

公积坂七百七十三里，二百六十五元三毛四分。镫口七百九十八里，二百六十九元八毛七分。

包头八百零二里[⑥]，二百七十四元一毛七分[⑦]。

---

① 修筑京绥铁路时把火车站建于绥远城附近，与商人的目的地通常是归化城不同。

② 台阁牧，又译台罕木。作为火车站名，叫台阁牧；作为地名，民国时用字还未统一。下同。

③ 毕克齐，又译毕齐克齐。

④ 察素齐，又译插苏。

⑤ 麦达台，又译麦大力。

⑥ 里，由前文“包头至丰台八百一十七公里”可知，本段单位为公里。

⑦ 后有钢笔字五六个，应为现代人书写。

京绥路新章运洋价目表[①]

一百五拾公里以内者，每千元价一元。

贰百公里以内者，每千元票价一元八毛。

四百五拾公里以内者，每千元价二元一毛。

六百公里以内者，每千元价二元四毛。

七百公里以内者，每千元价二元六毛。

九百公里以内者，每千元价二元七毛五分。

凡在九百公里以外者，每加一百五十里或不满一百五十里者，应加洋每千元一毛。

银元重量每千元四拾五斤[②]。

京奉路买粮规则

甲子[③]冬月由锦州来信催报：

由锦州运永定门全价车费一切化消，由锦至永廿吨正票洋二百二十五元六毛，税大洋五元三毛，关、唐、津[④]税大洋十一元。

统折洋三元，锦至京人票洋九元。

栈用奉票[⑤]十元，拉力奉票二十七元九毛。

抗（扛）力奉洋三元，经子奉洋四元。

斗用奉洋三元，道捐奉洋一元。

户照奉洋五毛，争代口奉洋六毛。

---

① 运洋指运输银元，不同于一般货运，运价单独列出。从下面一段能看出，银元与第一部分运价不同，而且距离越远，单位重量的银元运价越高，与第一部分相反；银元运价的计量单位不是“元/吨”，而是“元/千元”。

② 大量的银元需要运输，用称重方式来计算数额。

③ 甲子，1924 年为甲子年，即民国十三年。这本路程最早在 1924 年抄成。

④ 关、唐、津，分别指山海关、唐山、天津。

⑤ 奉，应为“俸”，薪金的意思，给付薪俸的形式是买奉（俸）票。

袋租奉洋二十元，回袋子票奉十七元。

买□辛力奉十八元，站上化消奉十一元。

共奉票一百一十六元作大洋五十九元，共用现大洋三百二十一元九毛。

新民屯[①]世隆兴，运永定门廿吨，正票大洋一百四十四元。

按减半价合算，杂粮四样，外加脚荷三元，票底五毛，站上化消六元。

经子缝口工四元，税五毛五分，汗力十元。

沟帮子[②]、锦州、关上[③]、底山[④]、天津、丰台六处看车费十六元，免息统捐十元，装车辛力十元，袋租十五元，此系自己经理栈房，不管送，包运，外加人票、回袋[⑤]、零化、麻袋税一切大洋廿五元，另准价永定门。

苞米每计二毛五分，小米二毛八分，红粮荞麦二毛三分。

京汉路里数表

前门至各站人票列下：

跑马厂（场）十四里[⑥]，洋三毛[⑦]。

芦沟桥三十里，洋六毛。

长辛店四十二里，洋九毛。

---

① 新民屯，是京奉路的一站。见本书第18篇《民国八年运费价目》。

② 沟帮子，是京奉路的一站，位于锦州站以北。

③ 关上，指山海关站。

④ 底山，应为唐山，京奉路没有底山站，而唐山站是一个大站。

⑤ 回袋，即前文“回袋子票奉”。

⑥ 与本书第18篇《民国八年运费价目》比较，本段每一个里数都是前者的2倍，此处的里是华里，但又不同于本篇京绥路的华里，京绥路是1公里等于1.82华里，本段京汉路是1公里等于2华里。

⑦ 《民国八年运费价目》写明为三等票价，本段每一个票价都更高些，为头等或二等票价。

良乡县六十二里，洋一元二毛。

琉璃河一百里，洋一元八毛。

涿州一百二十八里，洋二元四毛。

松林店一百四十八里，洋二元七毛。

高碑店一百六十八里，洋三元。

定兴县一百八十四里，洋三元三毛。

固城二百一十八里，洋三元九毛。

安肃①二百四十四里，洋四元五毛。

漕河二百七十里，洋四元八毛。

保定二百九十二里，洋五元四毛。

于家庄三百一十六里，洋五元七毛。

方顺桥三百三十六里，洋六元。

望都县三百五十八里，洋六元六毛。

青（清）风店三百八十六里，洋六元九毛。

定州四百一十二里，洋七元五毛。

寨西店四百三十四里，洋七元八毛。

新乐县四百五十四里，洋八元一毛。

东长寿四百七十八里，洋八元七毛。

新安县②五百零六里，洋九元三毛。

正定府五百二十六里，洋九元六毛。

石家庄五百五十四里，洋九元九毛。

窦妪县③六百里，洋十元八毛七分。

---

① 安肃，作为县名在民国三年（1914）改为徐水，作为站名今已改为徐水站。

② 新安县，《民国八年运费价目》作“新安”，今名新安村站。新中国成立后全国没有重名火车站，下文确山和明港之间的“新安县站”今名新安店站，以与此处的“新安”相区别。这两站在清末民国时期也不会重名，都是以村镇名命名，不会叫作“新安县”。

③ 窦妪县，应为窦妪站，非县名。

元氏县六百一十八里，洋十一元一毛。

高邑县六百五十四里，洋十一元七毛。

鸭鸽营六百七十里，洋十二元。

镇内[①]七百二十八里，洋十二元三毛。

顺德府[②]七百八十里，洋十四元一毛。

沙河县八百零六里，洋十四元七毛。

临洺关八百四十六里，洋十五元三毛。

邯郸县八百八十四里，洋十五元九毛。

马头镇九百一十六里，洋十六元五毛。

磁州[③]九百四十六里，洋十七元一毛。

丰乐县[④]九百八十六里，洋十七元八毛。

彰德府[⑤]一千零一十六里，洋十八元四毛。

汤阴县一千零五十八里，洋十九元二毛。

滑县[⑥]一千零九十六里，洋十九元六毛。

淇县一千一百三十二里，洋二十元四毛。

卫辉府一千一百三十八里，洋二十一元三毛。

潞王坟[⑦]一千二百零八里，洋二十一元九毛。

新乡县一千二百二十八里，洋二十二元二毛。

元村驿[⑧]一千二百七十六里，洋二十三元一毛。

---

① 镇内，今名临城站，是临城县的火车站。

② 顺德府，今名邢台站。

③ 磁州，今磁县站。

④ 丰乐县，应改为丰乐镇，今名柏庄站。

⑤ 彰德府，今名安阳站。

⑥ 滑县，京汉路完全不经过滑县境，此站不是“滑县站”。京汉铁路浚县段设置的火车站，其中之一由“浚县站”改名为“鹤壁站”，民国时该站已经叫“浚县站”是有可能的。第18篇《民国八年运费价目》该站作“濬县”，濬为浚的异体字，可证。

⑦ 潞王坟，今名新乡北站，在今新乡市境内。

⑧ 元村驿，应为亢村驿，在今获嘉县亢村镇，今名亢村站。

詹店[①]一千三百二十里，洋二十三元七毛。

黄河北岸一千三百二十八里，洋二十四元。

荥泽县[②]一千三百七十八里，洋二十四元三毛。

郑州一千三百八十八里，洋二十四元九毛。

谢庄一千三百九十六里，洋二十五元八毛。

新郑县一千四百八十里，洋二十六元七毛。

和尚桥[③]一千五百一十八里，洋二十七元三毛。

许州[④]一千五百六十里，洋二十八元二毛。

临颍县一千六百一十二里，洋二十九元一毛。

郾城县[⑤]一千六百六十八里，洋三十元。

安（西）平县一千七百一十二里，洋三十元九毛。

遂平县一千七百六十四里，洋三十一元八毛。

驻马店一千八百里，洋三十二元七毛。

确山县一千八百四十里，洋三十三元三毛。

新安县[⑥]一千八百八十里，洋三十三元九毛。

明港一千九百一十四里，洋三十四元五毛。

长台关一千九百四十八里，洋三十五元一毛。

彭家湾一千九百六十六里，洋三十五元四毛。

信阳州[⑦]一千九百九十二里，洋三十六元。

双河[⑧]二千零一十六里，洋三十六元三毛。

---

① 詹店，今名焦作东站，在今武陟县詹店镇。

② 荥泽县，民国时期荥泽县撤销，该站今名广武站，在黄河右岸、郑州站北。

③ 和尚桥，今名长葛站。

④ 许州，今名许昌站。

⑤ 郾城县，今名漯河站。

⑥ 新安县，第 18 篇《民国八年运费价目》作“新安店”，今亦名新安店站。

⑦ 信阳州，今名信阳站。

⑧ 双河，今名东双河站。

柳林二千零三十六里，洋三十六元六毛。

李家塞（寨）二千零五十四里，洋三十六元九毛。

东篁店二千零六十八里，洋三十七元二毛。

新店[①]二千零九十六里，洋三十七元八毛。[②]

广水二千一百一十三里，洋三十八元四毛。

杨家塞（寨）二千一百五十里，洋三十八元七毛。

王家店二千一百八十里，洋三十九元三毛。

花园二千二百一十二里，洋三十九元九毛。

萧家港二千二百五十二里，洋四十元五毛。

孝感县二千二百八十里，洋四十一元一毛。

三议（汉）埠[③]二千三百零六里，洋四十一元七毛。

祁家湾二千三百四十二里，洋四十二元三毛。

聂口[④]二千三百八十三里，洋四十二元九毛。

谌家矶二千三百九十六里，洋四十三元二毛。

汉口南岸[⑤]二千四百零八里，洋四十三元五毛。

汉口大智门二千四百一十八里，洋四十三元五毛。

汉口循礼门二千四百二十里，洋四十三元五毛。

汉口玉带门二千四百二十六里[⑥]，洋四十三元八毛。

---

① 新店，今名鸡公山站。

② 东篁店和新店两个站名抄反，新店应在前，东篁店应在后，里数和票价是正确的。

③ 三议埠，应为三汊埠站，在今孝感市区东，今名三汊埠站。

④ 聂口，应为滠口站，在今武汉市滠口村。

⑤ 汉口南岸，即汉口江岸站。

⑥ 光绪年间汉口已拆除城墙，仅留几个地名，上述三门自北向南分布。

十三、一应铁路章程[①]

石家庄一应火车上捐并法里[②]票价款

火车上捐[③]

人参每两钱一百，上高丽参每斤钱三百二十六。

中高丽每斤钱二百二十八，下高丽参每斤钱三十三。

上东洋参每斤钱三百二十六，中东洋参每斤钱二百二十八。

下东洋参每斤钱三十六，厂参每斤钱一千五百。

上冰片每斤钱八百五十，下冰片每斤钱四百七十。

鹿茸每架钱一千五百，鹿茸片每斤钱一千。

犀角每斤钱一千四百四十，羚羊角每斤钱一千。

---

① 选自《晋商史料集成》第71册第28—54页《民国年〈一应铁路章程〉》。

② 法里，今称“公里”。民国元年（1912）度量衡制度改革，为kilometre定下的新名为“新里”，内部讨论时有人主张用“法里”这种意译，未被采纳。见方伟《民国度量衡制度改革研究》（安徽师范大学出版社2020年版，第58—59页）。由本篇可见，民间仍习惯叫“法里”。

③ 标题为本书整理者加。火车上捐，运货要交的火车厘金。

麝香每斤钱一千，上红花每斤钱五百。

由石家庄至北京各站里数票价

正定府十五[①]，二毛[②]。新安二十四，三毛。

东长寿三十八，四毛。新乐五十，五毛。

寨西店六十，七毛。定州七十二，九毛。

清风店八十五，一元。望都九十九，一元贰毛[③]。

方顺桥一百零九，一元三毛。于家庄一百一十九，一元四毛。

保定府一百三十五，一元六毛。头等，九毛四分七厘。贰，五毛二分一厘。叁，三毛五分八厘。四，三毛五厘。五，二毛五分三厘。六，二毛[④]。

漕河一百四十二，一元七毛。安肃一百五十五，一元九毛。

固城一百六十八，二元一毛。定兴一百八十五，二元二毛。

高碑店一百九十三，二元三毛。涿州二百一十三，二元六毛。

由石家庄至涿

头等，一元五毛二分；贰，八毛三分；叁，五毛六分二厘五；四，四毛八分；五，三毛九分二厘；六，三毛一分。

周口店二百四十三[⑤]，二元九毛。韩继二百四十[⑥]，二元

---

① 十五，是每一站的法里数。

② 二毛，是人票的三等价，由本书第 18 篇《民国八年运费价目》中的相应路段价目可知。

③ 一元贰毛，抄本用苏州码写作“一元贰”“一元三”等，录文未用“角”，元以下用“毛”作单位，以与上文保持一致。

④ 分为六等的票价，是石家庄至保定的货运价，这个抄本的末尾有六等货物每吨每里的运价。没有每一站的货运价，是因货物只运输到保定、涿州、前门 3 个车站。

⑤ 二百四十三，是石家庄至周口店的法里数，以下每一站的里数都是以石家庄站作为起始站计算的。

⑥ 周口店、韩继两站与涿州、琉璃河两站不是前一站、后一站的关系，在里程、票价上也能看出。韩继在南，周口店在北，两站位于琉璃河附近京汉路延伸出的一条支线上。

九毛。

琉璃河二百二十七，二元七毛。坨里[①]二百五十四，三元一毛。

良乡二百四十六，三元。长辛店二百五十六，三元一毛。

丰台二百六十六，三元二毛。芦沟桥二百六十二，三元二毛。

跑马场二百七十，三元二毛。便门二百七十三，三元三毛。

前门二百七十七，三元三毛。头等，一元九毛七分。贰，一元七分。叁，七毛三分。四，六毛一分。五，五毛。六，三毛九分。

【略】[②]

石家庄至榆次，马每匹捌元八毛，大车、轿车每辆贰拾壹元捌毛。

法里五七二[③]，合布每担一元三毛五分[④]，每吨九四三八合二十元六毛。

天津至山海关

头等人票四元五毛，贰等人票二元八毛。

三等人票一元五毛，骡马每匹小二元二毛五分。

---

① 坨里，不是琉璃河的后一站、良乡的前一站，是从良乡附近京汉路向西延伸出一条支线，中有一站为坨里。如下图所示：

↗韩继站→周口店站→北
南→涿州站→琉璃河站→良乡站→长辛店站→东北
↘坨里站→北

② 有几列铅笔写的杂记，与上下文无关，录文未收。大致讲某人寄来玉茭子，价值多少，从何处拿钱给寄粮人。

③ 法里五七二，按本书第18篇《民国八年运费价目》石家庄至榆次为218法里，前文记石家庄至前门里数为277，两者相加不是572，但此处只能暂且理解为榆次至前门的里数，其他里数更不符合572里。

④ 布每担一元三毛五分，是每担布572里的运价。先算出一吨等于多少担布，再用572里每吨运价除以这个数，就是一元三毛五分。售出布时，是以担来计算，需要算出每担布的运输成本。

驴子每匹二元二毛五分，轿车每辆钱四元五毛。

暖轿每乘四元五毛，凉轿每乘钱四元五毛。

空棺才每口九元六毛，灵柩每口钱十一元二毛。

行李每百筋（斤）三元八毛[①]。

石家庄至天津

叁等人票四元七毛，骡马每匹八元九毛五分。

驴子每匹六元二毛五分，轿车每辆二十元五毛。

暖轿每辆二十五元八毛，凉轿每辆十二元五毛。

空棺才每口十六元三毛，灵柩每口钱三十二元五毛。

行李每百斤二元三毛。

石家庄到新乡县四元一毛，新乡到清化六毛，石至彰德府行李一元六毛，彰德至驻马店行李二元九毛，驻马店至王家店一元四毛。

【略】[②]

---

① 从骡马至行李，均为火车可运输的货物，不是两地之间的交通方式。

② 后文为各种货物的火车厘金数额。

十四、自祁至汉路程目[①]

【略】

汉口属湖北武昌府。

盘牛褫鲍长，七栏新木岗，郭丈临小遂，确明信李广，溪杨车汉境，四拾里望武昌[②]。

自祁邑五十里至盘它[③]，二百壹拾里至牛褫[④]，壹百一十里至褫亭[⑤]，九十里至鲍店，九十里至长平驿，一百一十里至七领店，七十里至栏车即太行山，六十里至新店，七十里至木栾店，八十里过黄河岗李儿，九十里至郭家店，一百一十里至丈地，九十里至临颍县，九十里至小郭店，九十里至遂平县，九十里至确山，九十里至明港驿，九十里至信杨（阳）州[⑥]，六十里至李家寨，七十里至广水，七十里至小河溪，九十里至杨店，一百里至车口[⑦]，四十里至汉口。

---

① 选自《晋商史料集成》第 67 册第 287—336 页《清中期洋楼洞、洋楼司买茶规程》，标题为原文书自有。

② 前 5 句共 25 个字，对应下一段 24 个地名，第 6 句为终点武昌。

③ 祁邑，指祁县。盘它，即盘陀。

④ 牛褫，即牛侍。

⑤ 褫亭，即虒亭。

⑥ 信杨（阳）州，民国时改为信阳县，今河南省信阳市。

⑦ 车口，即滠口，得名自滠水之口。

投晋泰船行、李二方行，十五六里。晋魁栈、裕林栈、泰来栈、武马栈，四、五里。

至汉之日，先办纸张、印刷票纸、备纸[①]，船先走时多。

程规[②]

从祁至汉，每骡脚元银六两零五分[③]，坐轿顶骑驴一个半。一路住店房银[④]系骡夫包揽，每人一天一钱五分，二宗俱九扣参平[⑤]。惟有车口[⑥]二官店备酒饭，每人房饭钱二三百文。过黄河小船系客人以骡出摊，驴子不摊[⑦]。若路上脚夫要借银，约量而付，至汉之日，饭银内除扣。行路之人，准要步步谨慎，况南人狡猾最多。

栈规[⑧]

晋泰行房银参平不扣[⑨]，行内不备酒饭。下馆每人早银四五分，午饭银五六分，酒肉自备，饭银八六扣九三兑参平，临行付

---

① 路程书的终点是汉口，办茶的地点是羊楼洞、羊楼司。需要在汉口买包装用纸，再去羊楼洞。

② 程规，路程规矩。是写给商号的掌柜、伙计看的，以免他们准备不足或受骗，类似于现代旅行攻略。

③ 骡脚和房银都是以元银标价，实际付的是参平银，所以下文又出现了元银和参平银的折算率。

④ 房银，住旅店的房钱。

⑤ 参平，全称为汉参平，是汉口市场上使用的几种平码之一。见黄鉴晖《清初商用会票与商品经济的发展》（黄鉴晖：《黄鉴晖选集》，山西经济出版社2018年版，第9页）。扣，成色高的银子需要打折扣才能兑换成成色低的银子。这句是说，两笔钱都打九折就是需付参平银的数额。

⑥ 车口，指前文提到的车（滠）口。

⑦ 意思是有几头骡子，就把船钱平分成几份。

⑧ 栈规，住旅店规矩，作用同“程规”，都是作者总结出的经验，写给商号内部其他人看。

⑨ 这句是说用参平银付住店钱时无须打折扣，就按标价付。前文有“九扣参平”，后文有“九三扣参平”，此处是“参平不扣”，各不相同。

行内伙计三四千文[1]。

晋魁栈房饭银每人一天一钱四分，酒肉自备，如有客吃饭，另加银五分，九三扣参平，临行付伙计酒钱贰叁千文。

武马店房饭银、饭银一钱八分，酒肉自备，九扣参平，临行付伙计酒资钱一二千文。

李二方如提货即无房银，行内不备酒饭，下馆每人早饭银五分，午饭银六分，酒肉自备，临行付伙计钱二三千文。

泰来栈 未详。

裕林栈房饭银、饭银每人一天一钱四分，八八扣银九八五兑参平，临行付伙计酒钱二三千文。

【略】

① 这是给伙计的小费，与本书第1篇大量记录的酒钱是同一种性质。

十五、祁至安化水陆路程底[①]

【略】

祁至赊歌语：洪土沁褫鲍[②]，长乔泽拦邢[③]，温荥郑新石[④]，襄旧裕赊旗[⑤]。

赊旗火食[⑥]每人钱一百六十，酒肉自备。樊城火食每人钱一百六十，酒肉行备[⑦]。汉口自下馆随便。沙市每人火食钱一百四十，酒肉自备。常德[⑧]每人火食钱一百八十，酒肉行备，惟此地□□年火食谅给[⑨]。

祁三十里至子洪镇。四十里来远打尖，三十五里至土门宿。

---

① 选自《晋商史料集成》第 67 册第 379—481 页《光绪二十七年办红黑茶规矩》，标题为原文书自有。《光绪二十七年办红黑茶规矩》与《祁县茶商大德诚文献》大部分相同，《祁至安化水路路程底》部分全同，文字稍有差异，见史若民、牛白琳编著《平、祁、太经济社会史料与研究》（山西古籍出版社 2002 年版，第 483—488 页）。本篇参考了《祁县茶商大德诚文献》的整理成果，并做出进一步释读。

② 分别为子洪镇、土门、沁州、褫亭、鲍店。

③ 分别为长平驿、乔村驿、泽州府、拦车、邢台。

④ 分别为温县、荥阳县、郑州、新郑县、石固。

⑤ 分别为襄城县、旧县、裕州、赊旗镇。

⑥ 火食，即伙食。

⑦ 这句是说分行准备酒肉，伙食钱里包含酒肉钱。

⑧ 常德，清代常德府，治今湖南省常德市。

⑨ 这段话为眉批，作用相当于第 14 篇《自祁至汉路程目》的“栈规”。

四十五里西阳[①]打尖，六十里至沁州宿。六十里至褫亭[②]宿。四十里交川沟打尖，五十里至鲍店宿。五十里普头[③]打尖，五十里至长平驿宿。六十里至乔村驿宿。六十里至泽州府，祁至州计陆路五百捌十里。

由泽州过太行山，六十里至拦车宿。四十五里至邗郃[④]宿。五十里郭村打尖，二十五里至温县宿。由彼早起，二十五里至汜水北岸名平皋，过黄河岸，汜水县打尖，四十里至荣（荥）阳县宿。七十里至郑州宿。五十里郭店驿打尖，四十里至新郑县宿。六十里至石固宿。五十里颍桥打尖，四十里至襄【城】县宿。四十里至汝坟桥打尖，五十里至旧县宿。五十里龙泉镇打尖，四十里至裕州宿。五十里至赊旗镇。祁至赊十九站[⑤]，计陆路一千三百五十五里。

如唐河水小，起旱，三天半至樊。若河内有水，赊十五里至埠口，十五里至兴隆镇，十里至新集，十里至李店儿，二十里至袁潭儿，廿里至唐【河】县，二十五里至马店儿，廿里至上屯，十里至下屯，二十里至郭滩，三十里至苍苔，三十里至阎家埠口，三十里至陈家河，三十里至双沟儿，三十里至刘家集，十五里至龙坑儿，十五里至樊城。赊至【樊】计水路三百四十五里。

由樊坐船，襄扁瓜船[⑥]，完汉契[⑦]一万六千，完沙洋一万二千，每人火食钱三、四、五百文，酒钱谅给[⑧]。

---

① 西阳，即西汤。
② 褫亭，即虒亭。
③ 普头，即堡头，堡音 bǔ。
④ 邗郃，即邢台镇。
⑤ 19 个住宿的地点正好对应前文歌语中的 19 个地名。
⑥ 扁瓜船，形状像剖开的半个瓜的船。
⑦ 契，船契。完契指在船行（中介行）订好船，交完钱，船行开具船契。
⑧ 谅给，看情况给。

如下水在樊报船厘金，如上水安陆府报船厘金，每舟四五百文，□来不等，看大小①。

樊三十里至东津湾襄河②下水，十五里至石灰窑，十五里至刘家集，二十里至白家巷，十里至小河儿，十五里至鸣金店，十五里至宜城县，十五里至关庄③，五里至茅草洲，十里至牙口，三十里至流水沟，十五里岛口，五里至冯乐河④，三十里至周家咀，十里至六官滩，二十里至李河口，十里至碾盘山，二十里至屠家集，十五里至二神庙，十五里至安陆府报船厘金⑤，三十里狮子口，二十里至唐港，二十里至石排，二十里至马良，三十里至旧口⑥，四十里至沙洋⑦，三十里至多宝湾，三十里至长乐园，十里至叶家滩，十里至施港，二十里至黄家厂，十里至押口，二十五里至张子港⑧，八里至关帝口，七里至黑牛渡，十五里至鱼泛洪，三十里至岳家口，十五里至洪口，十五里至彭水河⑨，三十里至马羊滩，十五里至陀介河，三十里至仙桃镇，十五里至肖家口，十五里至芦咀，十五里至麦麻咀，十五里至杨林沟，十五里至分水咀，十五里至半湖口，十五里至城隍港，十五里至杨子口，三十里至鸡麻口，三十里至汉川县，三十里至石工垱，四十五里至云口⑩，十五里至肖家渡，四十五里至蔡甸，六十里至汉口，樊至汗（汉）计水路一千二百一十五里。

---

① 以上两段为眉批。

② 襄河，指襄阳以下的汉江河段，也叫作襄江、襄水。

③ 关庄，即官庄。

④ 冯乐，即丰乐。

⑤ 厘金，按照眉批，逆汉江而上在此地交厘金。

⑥ 旧口，即臼口。

⑦ 此处是一个岔路口，另一条路见下文“由沙洋分路”。

⑧ 张子港，即张截港。

⑨ 彭水河，即彭市河。

⑩ 云口，即涢口，是涢水汇入汉江之口。

汉三十里至专口[①]，汉江[②]上水，三十里至金口，四十五里至东瓜脑，四十五里至排洲[③]，九十里至嘉鱼县，七十五里至石头关，十五里至茅埠，十五里至新堤，四十五里至鸭蛋矶[④]，对江罗山[⑤]。六十里至城林矶[⑥]，十五里至岳州府，过洞庭湖。七十五里至鹿角，六十里至李石山[⑦]，六十里至云亭，三十里至卢林滩，三十里至麟趾口，进小河。上水九十里至茅甲子口，十里至沙头，二十里至益阳[⑧]，汉至益计小路八百四十里。

益三十里至兴家河进山[⑨]，河上水三十里至桃花港[⑩]，二十五里至苏滩，五里至休山，三十里至三滩界，三十里至桐子山，三十里至马家滩，三十里至湖溪，三十里至小淹[⑪]，十五里至边江[⑫]，益至边计水路二百五十五里。

由沙洋分路，搬堤至便河[⑬]，坐拖扁，每只连搬堤行李至沙市，船钱三四千不等。沙洋十五里高桥，五里至黄家挡（垱），二十里至李家寺[⑭]，三十里至姚口，三十里至羊角庙。如大水不走羊角庙，从姚口走黄家厂省路十里[⑮]。羊角庙十五里昭君庙，到湖口

---

① 专口，即沌口，是沌水汇入长江之口。

② 汉江，此处把汉口以上的一段长江叫作“汉江”，与今天所说的汉江不同。

③ 排洲，即簰洲。

④ 鸭蛋矶，即鸭栏矶。

⑤ 罗山，即螺山。

⑥ 城林矶，即城陵矶。

⑦ 李石山，即磊石山。

⑧ 益阳，清代益阳县，在今湖南省益阳市。

⑨ 山，指雪峰山。益阳向西就进入雪峰山，安化县在雪峰山脉中。

⑩ 桃花港，桃花港汇入资江的水口，地在今桃江县城内。

⑪ 小淹，今安化县小淹镇，和边江都在资江沿岸，因交通便利分布着多家红茶和黑茶茶号。

⑫ 边江，今安化县边江村。清代安化县的县城与幅员均与今安化县不同，不过并不影响理解这篇路程书。

⑬ 便河，是连通汉江和长江的运河，因两端为沙洋和沙市，又称两沙运河。

⑭ 李家寺，今荆门市李市镇。

⑮ 这句是说水大时，可走平时水小航行困难的近道。

过长湖。六十里至官桥口，三十里至曹市[①]，十五里至沙市，计水路二百二十里。如便河水小，由沙洋起旱赴市贰天，每头骡脚钱一千二百，如坐轿每人钱一千一百。

沙市赴常坐襄扁，每只船钱一万五千六千不一，坐荆帮划子船[②]八九千不一。沙市十五里至蝎子沟，荆江下水十五里至文昌甲，三十里至马家岩[③]，三十里至郝宿[④]，三十里至兴厂[⑤]，对岸黄水套。十五里至横堤，二十五里至欧池口[⑥]，汇小河下水[⑦]。如大水，右走晃湖寺省路[⑧]；如中常，左三叉河[⑨]；如水枯，再左走年鱼乡[⑩]，此路多走一二百里。欧池口十五里至老山嘴，十五里至曹家厂，五里至永固元[⑪]，湖南界设厘卡。二十五里三叉河，三十里至马河口，过十五里大洋湖至梁津，三十里至尤港，从此上水九十里至龙阳县[⑫]，一百零五里至常德[⑬]，计水路四百九十里。

由常起旱进山三天，每人脚力钱一千四百。常船行火食每人钱一百八十，酒肉行中。

---

① 曹市，即草市，在今荆州市区内。

② 荆帮划子船，一种船的类型，吃水浅，适合在荆州、沙市附近水域航行。

③ 马家岩，今江陵县马家寨，怀疑原字为“砦”，抄写者抄错。

④ 郝宿，即郝穴口。

⑤ 兴厂，今石首市新厂镇。

⑥ 欧池口，即藕池口。

⑦ 藕池河系咸丰年间长江决口形成，连通长江和洞庭湖，清代时是分泄荆江洪水的河道。所以进入藕池河为下水，与通常的干流进入支流为上水不同。

⑧ 晃湖，可能指公安县的黄天湖。这条路是藕池河的西支。

⑨ 三叉河，是藕池河的中支，今名沱江。

⑩ 年鱼乡，今华容县鲇鱼须镇。这条路是藕池河的东支。

⑪ 永固元，即刘公垸。

⑫ 龙阳县，民国时改名汉寿县，沿袭至今。

⑬ 龙阳县至常德府具体水路，见下文常德装钱至龙阳路程。

由常坐船名乌江[①]，装钱至益，每吊水脚钱三文[②]。十五里至德山，下水十五里至四马铺，三十里牛皮塘[③]，三十里至常港[④]，十五里至龙阳县[⑤]，十五里至甲港口进小河，三十里至刘兴滩，三十里至杨阁老，三十里过洞庭湖边至增埠，由此上水，对河白沙。三十里至源（沅）江县[⑥]，六十里至徐湖口[⑦]，十里至沙头[⑧]，三十里至益阳县，计水路三百四十里。

益至边江每吊水脚钱六文，装米每石水脚钱一百二十[⑨]。

【略】

---

① 乌江，因船体刷成黑色得名。这种船“有两桅或单桅，船身异常秀气，头尾突然收敛，令人入目起尖锐印象，全身是黑的，名叫‘乌江子’。它的特长是不怕风浪，运粮食越湖。它是洞庭湖上的竞走选手。形体结构上的特点是桅高，帆大，深舱，锐头”。见沈从文《常德的船》（《沈从文散文集》，太白文艺出版社 2016 年版，第 50 页）。

② 这句是说把钱运到益阳，每吊钱运费 3 文。在常德之前的路段，没有提过运钱；常德之后的路段，两次提到运钱的费用，所以钱是在常德城里兑出来的。而且完全走水路从沙市至龙阳县，至常德府，再至龙阳，至益阳县，这是多绕路，从龙阳可以直接去往益阳，绕路的原因是要在常德城兑钱。

③ 牛皮糖，即牛鼻滩，滩地近圆形，形似牛鼻环。今为资江中一块滩地，清代时在洞庭湖中。见《中国历史地图集》第 8 册《清时期・湖南》（谭其骧主编，中国地图出版社 1987 年版，第 37—38 页）。

④ 常港，即沧港。

⑤ 从常德至龙阳正好 105 里，与上文相符。

⑥ 沅江县，今湖南省沅江市。

⑦ 从沅江县经过徐湖口至沙头进入资江的河道，是连通资江和洞庭湖的一条河，今已不存。

⑧ 沙头，今益阳市沙头镇，在益阳市区下游，资江左岸。

⑨ 《晋商史料集成》收录有一份《湖南省安化全县产茶地图》，见彩页部分。它是安化县茶业分布的最直观反映。图上标注了 200 多个产茶村的位置和名称，还标有 18 个安化商埠和 4 个邻县商埠。商埠主要集中在资江干流沿岸，这种分布除了茶叶运输需要利用资江航运之外，还与茶叶的质量有关系。据本篇路程书后的情况介绍，安化的后五都茶较好，其中一都、三都茶最佳，前四乡茶不佳。地图上商埠分布最密集的地区是一都、三都沿资江地带，这既是优质茶叶产区，又是交通便利之处。本段路程的终点边江、小淹均在一都，到边江下船就可以住进茶行。

十六、路程规矩[①]

【略】

赊[②]至赵河一跕（站），河至东赵一跕（站），赵至鲁山一跕（站），山至半闸[③]一跕（站），闸至临河一跕（站），河至龙门一跕（站），门至下古一跕（站），古至郭咀一跕（站），错是二十里，过河是孟县，至邗部过山，至泽府[④]。

【略】

① 选自《晋商史料集成》第67册第482—548页《宣统二年庆喻堂办茶、办杂货规程》，标题为原文书自有。

② 赊，指赊旗镇。

③ 半闸，即半扎。

④ 泽府，指泽州府。

十七、从祁邑启程赴汉口贰拾四天路程歌[①]

【略】

盘牛褫鲍长[②]，七栏新木岗[③]，郭丈临小遂[④]，确山明信李[⑤]，广小杨滠汉[⑥]，四十望武昌[⑦]。

【略】

① 选自《晋商史料集成》第 67 册第 600—636 页《清代做砖茶用纸规程及各码头规程》，标题为原文书自有。

② 分别为盘陀、牛侍、褫亭、鲍店、长平。

③ 分别为七领店、拦车、新店、木栾店、岗李。

④ 分别为郭家店、丈地、临颍县、小郭店、遂平县。

⑤ 分别为确山、明港、信阳、李家寨。

⑥ 分别为广水、小河溪、杨店、滠口、汉口。

⑦ 这篇与本书第 14 篇《自祁至汉路程目》中的路程歌基本相同。商人常走的热门路线会编成歌诀，以方便记录。路程歌诀和中药药名歌诀一样，都是为了方便记忆，不押韵无平仄，还不能称作诗歌。

十八、民国八年运费价目[①]

太原府至石家庄三等人票价目

新南门外站台起首。

北营，九里[②]，二毛。鸣李，十六里，三毛。榆次县，二十五里，四毛。北合流，三十二里，六毛。东赵村，四十里，七毛。段廷，四十九里，八毛。芦家庄，五十七里，一元。上湖[③]，六十六里，一元一毛。郭村，七十四里，一元二毛。寿阳，八十二里，一元四毛。芹泉，九十一里，一元五毛。测石驿，一百零二里，一元七毛。坡头，一百零八里，一元八毛。赛鱼，一百一十五里，一元九毛。阳泉，一百二十二里，二元。白羊墅，一百二十七里，二元一毛。乱流，一百三十三里，二元二毛。岩会，一百四十四里，二元四毛。下盘石，一百五十一里，二元五毛。程家垅底[④]，一百六十里，二元六毛。娘子关，一百六十八里，二元八毛。南

① 选自《晋商史料集成》第67册第676—733页《民国八年运费价目及卖茶规例》，标题为本书整理者加。

② 本段和下一段里数均为公里，由下一段末提到“法里”可知。

③ 上湖，即下一段的“上胡”。

④ 程家垅底，今名程家站，位于平定县程家庄村。

峪，一百七十六里，二元九毛。北峪，一百八十里，二元九毛。井陉县，一百八十六里，三元。南张村，一百九十一里，三元一毛。南横口，一百九十五里，三元二毛。微〈木〉水，二百零一里，三元二毛。五里铺，二百零四里，三元四毛。北王庄，二百一十二里，三元四毛。头泉，二百一十九里，三元六毛。获鹿县，二百二十六里，三元七毛。大郭村，二百三十四里，三元八毛。石家庄，二百四十三里，三元九毛。

头等人票每位九元六毛，贰等人票每位六元四毛，三等人票每位三元九毛①。

石家庄至太原府新南门外三等人票价目

从车站处起首。

大郭村，八里，二毛。获鹿县，十六里，三毛。头泉，二十三里，四毛。北王庄，三十里，五毛。五里铺，三十五里，六毛。微水，四十一里，七毛。南横口，四十七里，八毛。南张村，五十一里，九毛。井陉县，五十六里，一元。[芹泉]② 北峪，六十二里，一元一毛。南峪，六十六里，一元一毛。娘子关，七十四里，一元二毛。程家垅底，八十二里，一元四毛。下盘石，九十一里，一元五毛。岩会，九十八里，一元六毛。乱流，一百零九里，一元八毛。白羊墅，一百一十五里，一元九毛。阳泉，一百二十里，二元。赛鱼，一百二十七里，二元一毛。坡头，一百三十四里，二元二毛。测石驿，一百四十里，二元三毛。芹泉，一百五十一里，二元五毛。寿阳县，一百六十里，二元六毛。郭村，一百六十八里，二元八毛。上胡，一百七十六里，二元九毛。芦

---

① 这是太原至石家庄的三种票价，其他站只有第三等票价。

② 芹泉，在阳泉和寿阳之间，应抄在下文，此处的“芹泉”是误抄后作者没有划去的字。

家庄，一百八十五里，三元。段廷，一百九十二里，三元二毛。东赵村，二百零二里，三元三毛。北合流，二百一十里，三元四毛。榆次县，二百一十八里，三元五毛。鸣李，二百二十六里，三元七毛。北营，二百三十二里，三元八毛。太原府，二百四十三里，三元九毛。

以上太原府至石家庄三等人票每法里以一分六厘[①]，合零撩整，数不足者凑整。

【略】

京汉石庄路程价目

站台起首由石【家】庄至北京、京至汉口三等人票：

正定府，十五里[②]，二毛。新安，二十四里，三毛。东昌寿[③]，三十八里，五毛。新乐县，五十里，六毛。寨西店，六十里，八毛。定州，七十二里，九毛。清风店，八十五里，一元。望都县，九十八里，一元贰毛。方顺桥，一百零九里，一元三毛。于家庄，一百一十九里，一元五毛。保定府下连漕河[④]，一百三十一里，一元六毛。安肃县，一百五十五里，一元九毛。固城，一百五十八里，二元。北河店。定兴县，一百八十五里，二元二毛。高牌店[⑤]，一百九十三里，二元。涿州，二百一十三里，二元六毛。琉璃河，二百二十七里，二元七毛。良乡县，二百四十六里，三元。长辛店，二百五十一里，三元一毛。芦沟桥，二百六十二

① 一分六，用 3.9 元除以 243 公里，等于每公里 0.016 元。

② 本段和之后三段，是京汉铁路的一部分，均用公里计程。

③ 东昌寿，应为东长寿站。

④ 下连漕河，保定府下一站本为漕河站，抄者忘抄这一站，写完西便门站才补写漕河，并用小字作注。

⑤ 高牌店，应为高碑店，在今高碑店市。

里，三元一毛。丰台马厂①，二百六十五里，三元一毛。西便门，二百七十三里，三元二毛。漕河上连保定府，一百四十三里，一元七毛。前门，二百七十七里，三元三毛。

前门站台起首

西便门，十里，一毛。马厂（场）十里，一毛。芦沟桥，十五里，二毛。丰台，二十一里，三毛。长辛店，二十一里，三毛。良乡县，三十一里，洋四毛。琉璃县②，五十里，六毛。涿州，六十四里，八毛。高碑店，八十四里，一元。固城，一零九里，一元三毛。定兴县，九十二里，一元一毛③。安肃县，一百二十二里，一元五毛。漕河，一百三十五里，一元六毛。保定府，一百四十一里，一元八毛。于家庄，一百五十八里，一元九毛。方顺桥，一百六十八里，二元。望都县，一百七十八里，二元二毛。清风店，一百九十二里，二元三毛。定州，二百零五里，二元五毛。寨西店，二百一十七里，二元六毛。新乐县，二百二十七里，二元九毛。新安，二百五十三里，三元一毛。

石家庄至汉口站台起首

窦妪，十八里，二毛④。元氏，三十二里，四毛。高邑，五十里，六毛。镇内，六十六里，八毛。顺德府，一百一十八里，一元四毛。内邱，八十二里，一元一毛⑤。沙河，一百二十六里，一

① 丰台马厂，即跑马场站。北京城西便门外有一跑马场，位于丰台镇附近，俗称丰台马场。

② 琉璃县，应为琉璃河站。

③ 定兴县，应提前至固城站之前，定兴县城在固城镇之北，从里数也可看出。

④ 从窦妪站至和尚桥站，均为石家庄站起首的里数和票价。

⑤ 内邱，今内丘站。这一站应在顺德府的前一站，内丘县在顺德府（民国初改为邢台县）之北，从里数也可知。下一段该站顺序正确。

元六毛。临洺关，一百四十六里，一元八毛。邯郸县，一百六十五里，二元。马头镇，一百八十里，二元二毛。磁州，一百九十六里，二元四毛。丰乐县，二百一十五里，二元六毛。彰德府住，二百三十里，二元八毛。汤阴县，二百五十二里，三元一毛。浚县，二百七十一里，三元三毛。淇县，二百八十七里，三元五毛。卫辉府，三百一十二里，三元八毛。潞王坟，三百二十七里，三元九毛。新乡县，三百三十七里，四元一毛。亢村驿，三百六十一里，四元四毛。詹店，三百七十九里，四元六毛。荥泽县，三百九十七里，四元八毛。郑州，四百一十七里，五元。谢庄，四百三十九里，五元三毛。新郑县，四百六十三里，五元六毛。和尚桥，四百八十二里，五元八毛。

正定府，二百六十三里，三元二毛[①]。石家庄，二百七十七里，三元三毛。窦妪，二百九十五里，三元六毛。元氏，三百零九里，三元七毛。高邑，三百二十七里，三元九毛。镇内，三百四十三里，四元一毛。内邱，三百六十四里，四元四毛。顺德府，三百九十里，四元七毛。沙河县，四百零三里，四元九毛。临洺关，四百二十三里，五元一毛。邯郸县，四百四十二里，五元三毛。马头镇，四百五十七里，五元五毛。磁洲[②]，四百七十三里，五元七毛。丰乐县，四百九十六里，五元九毛。彰德府，五百零六里，六元一毛。汤阴县，五百二十九里，六元四毛。浚县，五百四十七里，六元六毛。淇县，五百六十五里，六元八毛。卫辉府，五百八十九里，七元一毛。潞王坟，六百零四里，七元三毛。新乡县，六百一十四里，七元四毛。亢村驿，六百三十八里，七

① 从此站开始到荥泽县站，里数和票价均为前门站起首。

② 磁洲，应为磁州，今磁县站。

元六毛。詹店，六百五十六里，七元九毛。黄河北，六百六十四里，八元。黄河南岸，六百六十七里，八元。荥泽县，六百七十四里，八元一毛。许州住，五百零三里，六元一毛[①]。临颍县，五百二十九里，六元四毛。郑州，六百九十四里，八元三毛[②]。郾城县，五百五十七里，六元七毛[③]。西平县，五百七十九里，七元。遂平县，六百零五里，七元二毛。驻马店住，六百二十四里，七元五毛。确山县，六百四十三里，七元七毛。新安店，六百六十三里，八元。明港，六百八十四里，八元二毛。长台关过河[④]，六百九十六里，八元四毛。信阳州，七百一十九里，八元四毛。柳林，七百四十一里，八元九毛。李家寨，七百五十一里，九元一毛。广水，七百八十四里，九元五毛。新店，七百五十七里，九元一毛。东皇店，七百七十一里，九元三毛。杨家寨，七百八十八里，九元六毛。王家店，八百一十三里，九元八毛。花园，八百二十九里，十元。萧家港，八百四十九里，十元二毛。李（孝）感县，八百六十三里，十元四毛。三汊埠，八百八十一里，十元六毛。祁家湾，八百九十五里，十元八毛。滠口岸住，九百二十八里，十一元二毛。大智门，九百三十二里，十一元二毛。玉带门，九百三十七里，十一元三毛。

谢庄，七百一十六里，八元六毛[⑤]。新郑县，七百四十里，八元九毛。和尚桥，七百五十九里，九元一毛。许州，七百八十里，九元四毛。临颍县，八百零六里，九元七毛。郾城县，八百三十

① 许州和临颍县两站，里数和票价均为石家庄站起首。

② 郑州站的里数和票价均为前门站起首，顺序应在许州站前。调为正确顺序后，从正定府站至郑州站，均为前门站起首；郑州以南，从许州站开始均为石家庄站起首。

③ 从郾城县站开始，里数和票价均为石家庄站起首。

④ 河，指淮河。

⑤ 从谢庄站开始至段末玉带门站，里数和票价均为前门站起首。

四里，十元。西平县，八百五十六里，十元三毛。遂平县，八百八十二里，十元六毛。驻马店，九百零一里，十元八毛。确山县，九百二十里，十一元一毛。新安店，九百四十里，十一元三毛。明港，九百五十七里，十一元五毛。长台关，九百七十三里，十一元七毛。信阳州，九百九十六里，十二元。柳林，一千零一十七里，十二元二毛。李家寨，一千零二十八里，十二元四毛。新店，一千零三十四里，十二元四毛。东篁店，一千零四十八里，十二元六毛。广水，一千零六十一里，十二元八毛。杨家寨，一千零七十五里，十二元九毛。王家店，一千零九十里，十三元一毛。花园，一千一百六十里，十三元三毛。萧家港，一千一百二十六里，十三元五毛。李（孝）感县，一千一百四十里，十三元七毛。三汊埠，一千一百五十三里，十三元九毛。祁家湾，一千一百七十二里，十四元一毛。滠口岸，一千一百九十二里，十四元三毛。汉口江岸，一千二百零五里，十四元五毛。大智门，一千二百零九里，十四元五毛。玉带门，一千二百一十四里，十四元六毛。

汉口至北京三等人票路程价目表玉带门起至大智门五里

汉口江岸，九里，一毛。滠口岸，二十二里，三毛。祁家湾，四十二里，五毛。三汊埠，六十一里，八毛。孝感县，七十四里，九毛。萧家港，八十八里，一元一毛。花园，一百零八里，一元三毛。王家店，一百二十四里，一元五毛。杨家寨，一百三十九里，一元七毛。广水，一百五十六里，一元九毛。东篁店，一百六十六里，二元。李家寨，一百八十六里，二元三毛。新店，一百八十里，二元二毛[①]。柳林，一百九十六里，二元四毛。信阳州，二百一十八里，二元六毛。长台关，二百四十一里，二元九毛。明港，二百九十七里，三元一毛。新安店，二百七十四里，三元三毛。确山县，二百九十四里，三元五毛。驻马店，三百一十三里，三元八毛。遂平县，三百三十三里，四元。西平县，三百五十八里，四元三毛。郾城县，三百八十里，四元六毛。临颍县，四百零八里，四元九毛。许州，四百三十四里，五元二毛。和尚桥，四百五十五里，五元五毛。新郑县，四百七十四里，五元七毛。谢店[②]，四百九十八里，六元。郑州，五百二十里，六元二毛。荥泽县，五百四十里，六元五毛。黄河南，五百四十七里，六元六毛。黄河北，五百五十里，六元六毛。詹店，五百五十八里，六元七毛。亢村驲（驿），五百七十六里，六元九毛。新乡县，六百里，七元二毛。潞王坟，六百一十里，七元三毛。卫辉府，六百二十五里，七元六毛。淇县，六百四十九里，七元七毛。浚县，六百六十六里，八元。汤阴县，六百八十五里，八元二毛。彰德府，七百零七里，八元五毛。丰乐县，七百一十二里，八元七毛。磁州，七百四十一里，八元九毛。马头镇，七百五十七里，九元一毛。邯郸县，七百七十二里，九元三毛。临洺关，七百九十一里，九元五毛。沙河县，八百一十一里，九元八毛。顺德府，八百二十四里，九元九毛。内邱县，八百五十里，十元。镇内，八百七十一里，十元五毛。高邑，八百八十七里，十元七毛。元氏，九百零五里，十元九毛。窦妪，九百一十九里，十一元。石家庄，九百三十七里，十一元三毛。正定府，九百五十二里，十

① 新店站应在李家寨站之前，从里数也可看出。

② 谢店，应为谢庄，在今郑州市区南，今名谢庄站。

一元四毛。新安，九百六十一里，十一元六毛。东长寿，九百七十五里，十一元九毛。新乐县，九百八十七里，十一元九毛。寨西店，九百九十七里，十二元。定州，一千零九里，十二元一毛。清风店，一千零二十二里，十二元三毛。望都县，一千零三十六里，十二元五毛。方顺桥，一千零四十六里，十二元六毛。于家庄，一千零五十六里，十二元七毛。保定府，一千零六十八里，十二元八毛。漕河，一千零七十九里，十三元。安肃，一千零九十二里，十三元一毛。固城，一千一百零五里，十三元三毛。定兴县，一千一百二十二里，十三元五毛。高牌（碑）店，一千一百三十里，十三元六毛。涿州，一千一百五十里，十三元八毛。琉璃河，一千一百六十四里，十四元。良乡县，一千一百八十三里，十四元二毛。长辛店，一千一百九十三里，十四元三毛。丰台，一千一百九十三里，十四元三毛。芦沟桥，一千一百九十九里，十四元四毛。泡（跑）马厂（场），一千二百零七里，十四元五毛。西便门，一千二百一十里，十四元五毛。前门，一千二百一十四里，十四元六毛。

【略】

丰台至天津价目表二八七

黄村，二十里二①，二毛。安定，三十二里八五，四毛。万庄，六十一里八四，一元。杨村，六十八里六一，一元一毛五分。

① 里，本段和下一段计量单位为英里，《京奉铁路行车时刻并里数价目表》（《奉天公报》第250期第8—9页，1912年）中的里数与本篇完全相同，可知。下一段的里数没有数位的标志，如“一〇一〇一”，不知小数点应点在哪一位，与《京奉铁路行车时刻并里数价目表》对照后，录文改写为“一百零一里零一”。

北苍[1]，七十七里八九，一元三毛。天津，七十六里[2]，一元五毛。货三毛五分，行李四毛五分，共计九站。

天津往东省

运粮城[3]，一百零一里零一[4]，一毛七[5]。塘沽，一百一十三里八三，二元零五分。北塘，一百二十一里五六，二元二毛。汗沽[6]，一百三十四里九九，二元四毛五分。芦台，一百三十九里八七，二元五毛五分。塘坊，一百五十三里八四，二元八毛五分。胥各庄，一百六十一里六四，三元。唐山，一百六十六里六六，三元一毛。开平，一百七十三里四，三元二毛五分。洼里，一百七十七里六四，三元三毛。古冶，一百八十二里七三，三元四毛。雷庄，一百九十一里九四，三元六毛。滦州，二百零一里二四，三元八毛。石门，二百零六里四四，三元九毛。安山，二百一十三里七四，四元零五分。昌黎，二百二十三里二八，四元二毛五分。留守营，二百三十三里三一，四元四毛五分。北戴河，二百四十里五六，四元七毛五分。汤河，二百五十七里三，四元七毛五分。山海关，二百六十二里一八，五元。前所，二百七十四里零八，五元二毛五分。前卫，二百八十六里五二，五元五毛五分。荒地，二百九十五里一，五元六毛五分。绥中县，三百零二里五六，五元八毛。东新庄，三百零八里八六，五元九毛五分。沙后

---

① 北苍，应为北仓站。

② 天津，指天津东站。七十六里，应改为八十六里。

③ 运粮城，应为军粮城站。

④ 由《京奉铁路行车时刻并里数价目表》可知，运（军）粮城的里数是从正阳门站起首，而不是天津站。以下每一站同。

⑤ 一毛七，应改为一元七毛才与后站票价相符。

⑥ 汗沽，应为汉沽站。

所，三百一十九里二，六元一毛五分。宁远州，三百二十二里九六，六元四毛。连山，三百四十四里九六，六元六毛五分。高桥，三百五十七里四二，六元九毛。如儿河①，三百六十七里五七，七元一毛。锦州，三百七十六里一七，七元三毛。双羊店，三百八十三里七七，七元四毛五分。大陵河，三百九十里七三，七元六毛。石山站，四百里五二，七元八毛。羊圈子，四百零六里六一，七元九毛。沟帮子，四百一十五里七八，八元一毛。青堆子，四百二十五里五三，八元三毛。高山子，四百三十五里七六，八元五毛。大虎山，四百四十二里四二，八元六毛。励家窝铺，四百五十五里六二，八元九毛。饶百河②，四百六十二里，九元。白旗堡，四百七十九里六，九元二毛。新民屯，四百八十五里七五，九元五毛。巨流河，四百九十二里九二，九元六毛。兴隆店，四百九十九里八六，九元七毛五分。马三家，五百一十三里五，十元。皇姑屯，五百二十里一九，十元二毛。南满路站，五百二十一里八五，十元三毛。沈阳，五百一十一里③，十元三毛。

交奉天每十吨头等二百五十五元，连人票在内。

【略】

京张铁路里数价目表由丰台起

广安门，十三里一七④，一毛。西直门，二十六里三八，二毛。清河，四十六里六二，四毛。沙河，六十五里九四，六毛。

---

① 如儿河，应为女儿河站。

② 饶百河，应为绕阳河站。

③ 五百一十一里，应改为五百二十二里，才与《京奉铁路行车时刻并里数价目表》相符，也与前几站的里数相应。

④ 十三里一七，抄本写作“一三一七”，单位为整理者加。与本书第 12 篇《民国十三年京绥京汉铁路票价货运价目本》同路段相比，本段的单位不是公里，用本段的每一个里数除 1.82，基本上等于第 12 篇的公里数，则本段以华里为单位。

南口，一百零一里，八毛。青龙桥，一百三十二里八三，一元一毛。康庄，一百五十四里五，一元二毛。怀来，一百七十五里五，一元四毛。沙城，二百六十六里二，一元八毛。新保安，二百三十二里七七，一元九毛。下花园，二百六十一里九三，二元一毛。宣化府，三百零七里八三，二元五毛。行李每担三毛。沙岭镇，三百三十三里五，二元七毛。张家口，三百六十七里，二元九毛。行李七毛五。孔家堡，三百九十九里，三元贰毛。郭磊庄，四百二十九里，三元四毛。柴沟堡，四百五十四里，三元六毛。西湾堡，四百八十一里，三元八毛。永嘉堡，五百一十里，四元。天镇，五百四十二里，四元三毛。罗文皂，五百六十八里，四元五毛。阳高县，五百九十六里，四元八毛。

【略】

十九、有由河南路途①

【略】

苏至六合县②，水路五佰四十里路浒关③报税。六合至盱眙，旱路一佰八十里盱眙报税。盱眙至周家口，水路壹千壹佰三十里路由临淮④八里垛经过，至临淮报帏枫，至八里垛报税。周家口⑤至朱仙镇，水路贰佰八十里。朱仙镇至杨桥⑥，旱路九十里。杨桥至薄壁镇⑦，旱路

① 选自《晋商史料集成》第68页第3—54页《嘉庆四年朝仪撰绸缎梭布行必需》，标题为原文书自有。

② 苏，起点是苏州。沿运河北上，在镇江进入长江干流，再进入长江左岸的支流滁河，沿河北上到达六合县城（今南京市六合区）。

③ 浒关，浒墅关的简称，明代开始设钞关于此，在今苏州市浒墅关镇。本书第22篇《办杂货路程一》有浒墅关报税须知："船带诸货细报税，关上照单细点验。元系加五客兑钞，候票打印好开船。"

④ 临淮，属凤阳县，在淮河沿岸。由盱眙进入淮河，沿途路过临淮镇，逆水上行至正阳镇，进入淮河的支流颍河，再沿颍河上游支流沙河到达周家口。

⑤ 周家口位于贾鲁河南端，沿贾鲁河到达朱仙镇。

⑥ 杨桥，在朱仙镇西北，黄河南岸。

⑦ 薄壁镇，即薄壁，今辉县市薄壁镇。这是泽州府进入河南省的两条路之一，其他路程书都选择另一条路，即天井关进入河南沁县，如本书第10篇《山西介休至湖北京山县路程》中的《东路路程》。山西商人的目的地大多是赊旗、樊城，在泽州的西南方向，大多选择泽州府往正南方向走，从天井关进入河南省。此处所写的从薄壁镇进入河南省的路，是泽州府往东南方向走，如再去赊旗、樊城是绕远。本篇之所以会选择从东南方向进入泽州府，是因为朱仙镇、周家口、盱眙等地都在泽州的东南方向，路程会短些。

壹佰八十里。薄璧至潞安府①，旱路贰佰四十里。潞安府至平邑②，三佰九十里。

共计水旱路三千三佰九十里。

【略】

① 潞安府，治今山西省长治市。

② 平邑，指平遥城。

二十、各处路程[1]

【略】

四川城（成）都府至平[2]三十四天。【略】

重庆府至平三十六天。【略】京都[3]至平十三天。【略】

东口至平十五天，至京四天，至通州七天。【略】

沈阳至平二十八天，至京十五天。【略】

山陕西省[4]至平十三天。【略】泾阳至平十二天。【略】东昌至平十二天。【略】

汴梁[5]至平十二天。【略】

江苏苏州至平三十二天。【略】

杨（扬）州至平二十九天。【略】

湖北省汉口镇至平二十四天。【略】

沙市至平[6]廿六天。【略】

---

① 选自《晋商史料集成》第 68 册第 112—153 页《同治十年余庆堂各处办布底稿》，标题为原文书自有。

② 平，指平遥县。

③ 京都，指北京。

④ 山陕西省，指陕西省会西安。

⑤ 汴梁，指开封府城。

⑥ 沙市至平，据本书第 15 篇《祁至安化水陆路程底》路线为沿便河至沙洋，进入汉江上行至樊城，再北上晋中。

湖南常德府至平廿六天[①]。【略】

广东广州府至平六天[②]。【略】

① 湖南常德府至平，据《祁至安化水陆路程底》，常德至晋中有两条路，一是到沙市再北上，二是东去汉口再北上。本篇常德至平遥与沙市至平遥的时间相同，应当是选了后一条路线。常德去汉口，大约花费两天时间。

② 同治十年（1871）中国还没有修筑铁路，从广州至平遥不可能只花费六天，此处应为四十六或者三十六天。

二十一、办布路程[①]

【略】

由京都、四川步脚到平遥县日期

每月十一日、十二日、廿四日、廿五日，如要往四川省寄信，按此所开日前三、两日，将信送平[②]。

由太谷走河南赴隆昌各处店栈

泽州府恒义店，黄河北孟县振一店，黄河南郭咀[③]德盛店，胡（湖）北老河口[④]公和店，陕西瓦房店[⑤]天源行，四川太平县[⑥]安怀栈，四川绥定府罗家（江）口[⑦]高升店，四川重庆府德丰栈，隆昌光裕花店，荣昌福星店[⑧]。

---

① 选自《晋商史料集成》第68册第159—268页《清代太谷锦泰蔚布庄办布规程》，标题为本书整理者加。

② 送平，终点是平遥，不到太谷，太谷人要去平遥办理邮寄。应当是平遥商人去四川经商的很多，脚行开辟了一条平遥到四川的邮信路线。

③ 郭咀，属孟津县，见下文《从阌底镇至郭咀路程》。

④ 老河口，位于汉水沿岸，清代光化县城外，今湖北省老河口市。

⑤ 陕西瓦房店，今属紫阳县向阳镇。

⑥ 四川太平县，民国时改名为万源县，今万源市。

⑦ 绥定府，治今四川省达州市。罗江口，在今达州市罗江镇。

⑧ 这些店栈两两之间距离较远，如瓦房店至罗江口，据下文《从瓦房店至罗家（江）口路程》有12站的距离。这几处店栈应当是更换交通工具的交通节点。

由榆次赴四川正路①

太谷县一跕（站）。平遥县二跕（站）。介休县三跕（站）。韩侯岭四跕（站）。霍州五跕（站）。赵城县六跕（站）。洪洞县七跕（站）。赵曲县八跕（站）。岔口九跕（站）。高显镇十跕（站）。隘口十一跕（站）。闻喜县十二跕（站）。潘桥②栈十三跕（站）。问店十四跕（站）。吕芝十五跕（站），此处过黄河，陕西地界，河东蒲州府所属。朝邑县十六跕（站）。官山十七跕（站）。康桥十八跕（站）。大成镇十九跕（站）。三原县二十跕（站）。汉阳洞廿一跕（站）。庞君寨廿二跕（站）。居村③廿三跕（站）。岐山县廿四跕（站）。宝鸡县廿五跕（站）。黄牛铺廿六跕（站）。凤县廿七跕（站）。南星廿八跕（站）。留填（坝）廿九跕（站）。马道三十跕（站）。褒城县卅一跕（站）。沔县卅二跕（站）。大安卅三跕（站）。宁羌州卅四跕（站）。教场填（坝）卅五跕（站），教场填（坝）即是四川所属，以七盘为交界之所。朝天关卅六跕（站）。广元县卅七跕（站）。新铺卅八跕（站）。剑门关卅九跕（站）。剑州四十跕（站）。武连驿四一跕（站）。梓童（潼）县四二跕（站）。沉香铺四三跕（站）。皂角甫（铺）四四跕（站）。孟家店四五跕（站）。汉州④四六跕（站）。城（成）都府四七跕（站）⑤。

---

① 此段从榆次出发，不是太谷。下文有《从鄚州至什贴路程》，应当是布庄在榆次或什贴有分号。

② 潘桥，即樊桥。

③ 居村，即车村，车音 jū，讹为“居村”。

④ 汉州，民国时改为广汉县，今四川省广汉市。

⑤ 从宝鸡县至广元县的十几站，与本书第 6 篇《清代重庆府至京都路程》相应路段相同，大安至成都府的十几站，与本书第 7 篇《清代杏坛志川途路程折》相同。这是清代川陕之间最常走的路线。

赴四川绕路大略[①]

如行陕西三原县，在大庆关过黄河[②]。至彼倘正路不通，绕往西安府所属咸阳县秦头镇[③]，入丰峪口[④]或子午口，至宁陕厅[⑤]。再至兴安府所属石泉县，过梅河[⑥]，此河即汉江，下通襄江[⑦]、汉口之路。过此河，走四川太平县，到绥定府。沿路亦有寨所，倘有慌乱之风，可以避躲。如此路难行，再走陕西宝鸡县所属猇县镇过渭河[⑧]，入伐（?）依关[⑨]，或马尾河[⑩]，到江口投大路[⑪]，马道[⑫]、褒城县进川。此路倘不通时，再走沙（商）州所属紫金

---

① 此处说了若干条赴四川的路线，根据“慌乱”的范围——关中、汉中、南阳来看，似乎是咸丰同治时期的捻军起义，或是同治初年的陕甘回民起义造成。结合下文汉口至上海、上海至天津有汽船航线来看，这本路程创作于同治时期。虽然嘉庆时的白莲教起义也发生在鄂豫陕川交界地区，但当时中国没有汽船，而且本路程提到多次的绥定府，是嘉庆时平定白莲教后设置。所以本篇描述的是同治前期的情形。

② 这条路是沿着上一段《由榆次赴四川正路》的三原—宝鸡—褒城—广元一线进入四川，过秦岭走的是元代以后常走的连云栈道。

③ 秦头镇，即秦渡镇，也称秦镇，今日名小吃秦镇米皮的产地。这条路线沿着蜀道北段之一的子午道入川。

④ 丰峪口，也叫沣峪口，因沣河从此口流出得名。

⑤ 宁陕厅，民国时改为宁陕县，沿袭至今。

⑥ 梅河，即梅湖，今石泉县喜河镇。

⑦ 襄江，襄阳以下的汉江河段，也叫作襄江。

⑧ 猇县镇，即虢县镇，得名自西周时期的虢国。这条路线是入秦岭到达太白县后，沿着褒斜道入汉中。传统的褒斜道是从陕西眉县的斜峪关入秦岭，这条路从宝鸡入秦岭，与传统褒斜道北段不相同。

⑨ 伐（?）依关，可能是指伐鱼峪，抄本把伐鱼二字连写讹为一个上人下日的字，峪与依音近。沿着伐鱼峪或马尾河谷都可到达太白县，太白以南就走上褒斜道。

⑩ 马尾河，发源于秦岭，向北流注入渭河，沿马尾河到太白县的路线，大致走向与今天国道244相同。

⑪ 江口，在留坝县城北，褒斜道旁的一个村子。这是走传统的褒斜道。本书第6篇《清代重庆府至京都路程》走连云栈道，相当于从褒斜道南段进入子午道，过留坝县城即拐向西北凤县方向，未到江口。

⑫ 马道，位于褒城县城北，见第6篇《清代重庆府至京都路程》中的“马道驿”。

关[1]、龙居寨[2]，投漫川关[3]，下河至夹河关[4]，再拉上水[5]，走瓦房店之路[6]。其正路[7]，如汉中府难行，由宝鸡县黄牛甫[8]入小路，投汝宁河[9]，往前到凤县，亦能投入汝宁河，再到甘省所属徽县、两当县[10]、汉中所属白水江[11]，从此雇船，顺水而下，至四川保宁府所属广元县，路过汉中所属略阳县、阳平关[12]。倘江不通，如空人行者，到红川[13]，投中坝之路[14]，即到棉（绵）州到川。如不能到三原，由高显走惠兴头[15]，过黄河，走临汝、鲁山县、南召县、南阳府、邓州[16]，至老河口[17]。倘此路不宁，走李青店[18]、夏汤、

---

① 紫金关，可能是紫荆关，今商洛市东南有紫荆村，在去龙驹寨镇的路上。这条路是从西安向东南过蓝关，走商州道（或称商於古道）。

② 龙居寨，即龙驹寨，1949 年之后成为丹凤县城。

③ 漫川关，今属陕西山阳县。

④ 夹河关，因位于汉江的支流钱河汇入汉江处，故名夹河，今湖北省郧西县夹河镇。从漫川关顺钱河而下，可到夹河关。

⑤ 上水，从夹河关逆汉江而上至紫阳县城，进入汉江的支流任河，沿任河可到瓦房店。

⑥ 瓦房店之路，指瓦房店—太平县—绥定府罗江口这条路线，见下文《从瓦房店至罗江口路程》。

⑦ 正路，指三原—宝鸡—褒城的入川正路，见上一段《由榆次赴四川正路》。

⑧ 黄牛甫，即黄牛铺。

⑨ 汝宁河，应叫永宁河，指永宁河汇入嘉陵江的河口，位于徽县与两当县交界处。“永”讹为“汝”当是方言导致。

⑩ 应当先路过两当县境，后路过徽县县境，均不入县城。

⑪ 白水江，指嘉陵江沿岸的白水江镇，不是指嘉陵江的支流白水江。

⑫ 这条路是先沿陈仓道到嘉陵江上游，再改水路南下四川。

⑬ 红川，今甘肃成县红川镇。

⑭ 中坝，清代江油县城南的中坝场，后江油县城搬至此镇。中坝位于绵州（今绵阳）稍北，中坝之路就是指龙绵道，顺龙绵道行至中坝场，就出了山区进入平原，很多人把中坝场视为龙绵道的南端，所以有“中坝之路”之称。

⑮ 惠兴头，也写作会兴头，从高显到惠兴头的具体路程不见于本篇，可参看本书第 8 篇《清代介休至樊城、荆州路程》、第 10 篇《山西介休至湖北京山县路程》。

⑯ 邓州，民国初改为邓县，今河南省邓州市。

⑰ 从鲁山县至老河口的详细路程，见下一段《从太谷赴老河口路程》。

⑱ 李青店，解放战争时期南召县城移至李青店，沿袭至今。清代旧县城在今南召县云阳镇，地处鲁山县去往南阳府的路途中。

赵基儿[①]，此即是山中小路，亦到老河口赴川[②]。

从太谷赴老河口路程

盘它[③]一跕（站）。牛侍二跕（站）。师亭[④]三跕（站）。鲍店四跕（站）。长平驿五跕（站）。七岭店六跕（站）。栏车七跕（站）。邗部[⑤]八跕（站）。泗水口[⑥]九跕（站），此处过黄河，亦从孟县、新泽口两处过河，此处不以河为界，以太行山为界[⑦]，邗部即河南孟县所属[⑧]，从河上至。鲁山县共五跕（站），南召县十四跕（站），博望十五跕（站），老河[⑨]十六跕（站），白牛十七跕（站），林家牌[⑩]十八跕（站），老河口十九跕（站）。

从老河口上船至瓦房店路程

至均州[⑪]一百八十里，至郧阳府[⑫]一百八十里，至白河县[⑬]二百七十里，至夹河关三十里，从夹河关雇小船，赴漫川关之路，上水河小且险，四天可到[⑭]。

---

① 夏汤、赵基儿，不详。

② 本段一共叙述7条去四川的路。按文本先后是连云栈道—金牛道、子午道—洋巴道、褒斜道—金牛道、商州道—洋巴道、嘉陵江水路—金牛道、陈仓道—龙绵道、南阳—汉江—洋巴道，按方位自东向西是南阳—汉江—洋巴道、商州道—洋巴道、子午道—洋巴道、褒斜道—金牛道、连云栈道—金牛道、嘉陵江水路—金牛道、陈仓道—龙绵道。蜀道北段之傥骆道因为险峻，在元代之后逐渐荒废，所以本篇说尽川陕之间的通道也不提傥骆道。

③ 盘它，即盘陀。

④ 师亭，即虒亭。

⑤ 邗部，即邘台。

⑥ 泗水口，即汜水口，是汜水汇入黄河的水口，清代置汜水县在水口附近，后废，今属河南省荥阳市。

⑦ 以太行山为界，山西和河南在风陵渡和垣曲县之间的省界是黄河。

⑧ 此处有错，邘台镇位于河内县（今沁阳县）境内，不属孟县。

⑨ 老河，今南阳市潦河镇。

⑩ 林家牌，今邓州市林扒镇。

⑪ 均州，民国时改为均县，在今丹江口市均县镇附近。

⑫ 郧阳府，民国时改为郧县，沿袭至今，属湖北省。

⑬ 白河县，县城在汉江沿岸，属陕西省。

⑭ 作者小注是夹河关分出的一条岔路，向北逆水至漫川关，下面大字路程夹河关是向西至蜀河。

至蜀河[①]一百一十里，至询（洵）阳[②]一百七十里，至兴安府[③]一百四十里，至紫阳县二百八十里，至瓦房店四十里。

从瓦房店至罗家（江）口路程

石牌房一跕（站），毛坝关二跕（站），从此走瓦口坛，过大山名曰烟墩亚。马柳坝三跕（站），七里边四跕（站），大（太）平县五跕（站），此处有大山，其名石罐子，其路甚险可畏。清化溪六跕（站），白阳溪七跕（站），围杆坝八跕（站），大水当九跕（站），孙家咀十跕（站），瓦窑坝十一跕（站），罗江口十二跕（站）。

从罗江口至成都府路程

绥定府三十里，赵家场一跕（站），大竹县二跕（站），李渡河三跕（站），新市镇四跕（站），跳墩坝五跕（站），顺庆府六跕（站），蓬溪县七跕（站），太和镇八跕（站），观音桥九跕（站），大纱灯十跕（站），赵家渡十一跕（站），成都府十二跕（站）。

从成都至重庆府路程

茶店子一跕（站），杨家街二跕（站），南津驿三跕（站），资州[④]四跕（站），内江县五跕（站），隆昌县六跕（站），荣昌县七跕（站），永川县八跕（站），走马纲九跕（站），重庆府十跕（站）。

---

① 蜀河，属陕西省旬阳县。

② 洵阳，今改名旬阳县。

③ 兴安府，民国时废府，今陕西省安康市。

④ 资州，民国时改为资中县，沿袭至今。

从重庆府至绥定府罗江口

至合州贰百六十里，至广安州[①]四百零五里，至南阳驿一百五十里，至渠县六十里，至三汇场一百卅里，至绥定府一百四十五里，至罗江口三十里。共水路一千一百八十里，上水行十七八天之谱。

从孟县至鄚州路程[②]

至徐保镇七十里。至周流八十里。至获江（嘉）县五十里。至新乡县五十里。至卫辉府[③]五十里。至淇县五十里。至汤阴县七十八里。至彰德府[④]四十五里。至丰乐镇四十里。至磁州[⑤]三十五里。至杜村二十里。至邯郸县五十五里。至永年县四十五里，此处即是临明关[⑥]口。至沙河县三十五里。至顺德府[⑦]三十五里。至引村[⑧]五十里。至柏乡县六十里。至赵州[⑨]六十五里。至贾市庄五十里。至晋州[⑩]五十里。至深泽县五十里。至安平县六十里。至义孟村十八里。至中住村十八里。至许滩村十八里。至肃宁县十八里。至猫头村十八里。至边度口十八里。至盘口十八里。至青塔村十八里。至赵庄儿十八里。至鄚州[⑪]十八里。共陆路一千三百余里。

---

① 广安州，民国时改为广安县，今四川省广安市。

② 本段路程上接《从阌底镇至郭咀路程》，郭咀在黄河南岸，黄河北就是孟县。

③ 卫辉府，民国时改为汲县，今河南省卫辉市。

④ 彰德府，民国时改为安阳县，今河南省安阳市。

⑤ 磁州，民国时改为磁县，沿袭至今。

⑥ 临明关，即临洺关，因临近洺河而得名。

⑦ 顺德府，民国时改为邢台县，今河北省邢台市。

⑧ 引村，今隆尧县尹村镇。

⑨ 赵州，民国时改为赵县，今河北省赵县。

⑩ 晋州，民国时改为晋县，今河北省晋州市。

⑪ 鄚州，镇名，因唐五代时在此设置鄚州得名，今任丘市鄚州镇。

从漫川关至阌底镇路程[①]

漫川关，陕西沙（商）州属；阌底镇[②]，河南阌乡县[③]属，两省交界，离潼关二十里。至石窑子六十里，至两岭子[④]七十里，至崂峪[⑤]八十里，至贼口九十里，至熊家司[⑥]一百里，至阌底镇一百里。共山路五百里，此路峻险。

从阌底镇至郭咀路程

阌乡县，灵宝县，陕州[⑦]，神（渑）池县，兴（新）安县，河南府，孟津县[⑧]，共车路七跕（站）。

从汉口至老河口路程[⑨]

至菜店[⑩]六十里，至云口[⑪]六十里，至汉川县六十里，至集马口[⑫]三十里，至戍王岗三十里，至麦王[⑬]咀六十里，至鲜桃镇[⑭]六十里，至彭泗

---

① 本段路程上接《从老河口上船至瓦房店路程》中一条岔路，从瓦房店顺流而下前往老河口的路途中，在夹河关分为两条路，其中一条转向北可到达漫川关。

② 阌底镇，原为阌乡县城，今灵宝市豫灵镇。

③ 阌乡县，今已省并入邻县。

④ 两岭子，今山阳县两岭镇。

⑤ 崂峪，今商洛市涝峪村，村旁有大崂峪沟。

⑥ 熊家司，即巡检司，今陕西省洛南县巡检镇。

⑦ 陕州，民国时改为陕县，沿袭至今。

⑧ 本段终点郭咀属孟津，过黄河就是孟县，沿着前文的路线从孟县可至郑州。

⑨ 汉口以北路段未写，从晋中至汉口是山西商人常走的路，见本书第 14 篇《自祁至汉路程目》、第 17 篇《从祁邑启程赴汉口贰拾四天路程歌》。

⑩ 菜店，即蔡店。

⑪ 云口，即涢口。

⑫ 集马口，即系马口。

⑬ 麦王，即脉旺。

⑭ 鲜桃镇，即仙桃镇。

河[①]六十里，至越家口[②]六十里，至黑牛头三十里，至张异岗[③]十五里，至菜口三十里，至岳家滩六十里，至多宝湾三十里，至沙阳[④]三十里，至旧口[⑤]四十五里，至马良十二里，至石牌三十里，至八卦六十里，至狮子口二十里，至安陆府三十里，至李河口六十里，至风罗河[⑥]三十里，至流水沟三十里，至毛草洲[⑦]三十里，至宜城县三十里，至小河三十里，至东津湾六十里[⑧]，至樊城三十里，至周肖甫（铺）三十里，至白马通三十里，至太平店三十里，至庙滩十五里，至鼓楼咀三十里，至仙人渡十五里，至老河口三十里。

共水路一千三百七十里，此路好走，水平无滩[⑨]。

至于河南堡寨，及今过往客商，□些寨费钱[⑩]，每骡有三、五文者不等。倘遇有惊慌之际，准其入寨避难。若有进寨之家，事完之后，要钱无谱。甚有留货放行者，作为寨上布施[⑪]，其人情殊为恨之至矣。

从太谷至赊镇路程

子洪一跕（站），风吹岭二跕（站），沁州三跕（站），师亭四跕（站），

---

① 彭泗河，今天门市彭市镇。

② 越家口，即岳家口。

③ 张异岗，即张集岗。

④ 沙阳，即沙洋。

⑤ 旧口，即臼口。

⑥ 风罗河，即丰乐河。

⑦ 毛草洲，即茅草洲。

⑧ 汉口至东津湾路段，可与本书第22篇《办杂货路程一》中的《东津湾往汉口镇路程》相参看。

⑨ 水平，指水流不急。无滩，指没有险滩。

⑩ 寨费钱，从上下文看是交给堡寨的钱。《祁县茶商大德诚文献》的整理者把“寨费银”解释为寨防费。（史若民、牛白琳编著：《平、祁、太经济社会史料与研究》，山西古籍出版社2002年版，第504页）本篇的寨费与寨防厘金无关，就是沿路村庄索要的钱。

⑪ 意思是甚至有留下一部分货才肯放行的寨子，货物要白送给村寨。

鲍店五跕（站），长平驿六跕（站），乔村驿七跕（站），泽州府八跕（站），栏车九跕（站），长平十跕（站）[①]，盂县十一跕（站），大槐树十二跕（站），府店镇[②]十三跕（站），龙门十四跕（站），下店[③]十五跕（站），老如州[④]十六跕（站），半折[⑤]十七跕（站），鲁山十八跕（站），南召十九跕（站），召河[⑥]廿跕（站），赊镇廿一跕（站）。

从赊镇至樊城水路程

大约有四百余里，水大之时五六天可到，水小得十来天可到[⑦]。

从汉口至长沙府水路程

至牌州[⑧]一百六十里，至加（嘉）鱼县九十里，至新堤[⑨]一百三十里，至城陵矾（矶）一百一十里，至鹿角驲（驿）八十里，至荣田[⑩]驲（驿）一百廿里，至湘阴县六十里，至彤关[⑪]八十里，至长沙八十里，共路九百一十里。

---

① 南下应当先到长平（今高平市）、后到栏（拦）车，第 9、10 站抄反。

② 府店镇，今偃师市府店镇。

③ 下店，即夏店，今夏店乡。

④ 老如州，应为老汝州，此地在今汝州市临汝镇，在唐代是临汝县治，临汝县为汝州州治，故此地叫“老汝州”。

⑤ 半折，即半扎。

⑥ 召河，可能是白河，南召去往赊旗镇的路上要渡过白河，渡河的地点大致在这段路程中点，怀疑“召”为“白”，今白河村属于方城县博望镇。

⑦ 具体路线可参看本书第 22 篇《办杂货路程一》中的《赊旗镇往东津湾路程》。

⑧ 牌州，即簰洲。

⑨ 新堤，在湖北省境内，长江左岸。

⑩ 荣田，即营田镇。

⑪ 彤关，即铜官，因唐五代的铜官窑而得名。

从长沙至浏阳旱路

三家村六十里，岭上七十里，浏阳五十五里。

从汉口至上洋水路程

计路四千八百里，火轮船走长江，昼夜不息，到上洋[①]四天。

从上洋至天津水路程

计路四千八百里，火轮船出吴淞口，昼夜不息，飘海走大洋，进大沽口，四天即到天津轮船抵紫竹林码头，靠船下载。

从天津至鄚州路程

计水路[②]行三百余里，至照壁口，从此至鄚，旱路十二里。如行陆路，从天津至鄚州，二百四十里。

从鄚州至什贴路程

高阳九十里，明月店一百二十里，二十里铺[③]一百一十里，获鹿一百里，张村五十五里，董寨九十五里，泽石一百一十里，上胡七十里，什贴五十五里。

从老河口至鄚州路程

至邓州一百廿里，至南阳一百廿里。南阳府至裕州[④]，至叶县，至

① 上洋，上海的别称。
② 水路，沿着海河支流大清河到鄚州镇北。
③ 二十里铺，指正定府城北的二十里铺。
④ 裕州，民国时改为方城县，沿袭至今。

朱仙镇，至汴梁省[①]，至黑堽口。过黄河至长源（垣）县，至开州[②]，至东昌府[③]，至持（茌）平县，至腰站，至富庄驲（驿），至刘智庙[④]，至河涧（间）府，至任邱县，至鄚州。共计二十四跕（站）。

如走西大路，过了黄河走卫辉府、彰德府、磁州、邯郸县、沙河县、顺德府、深泽县[⑤]、赵州、晋州、遂（肃）宁县[⑥]、安平县、鄚州。如发京[⑦]，由鄚车已难雇时，由枣林装船载黄土坡，再起车脚发京。

老河口至绥定府绕路路程[⑧]

从老河口赶下水船，十五里至冷家集起坡[⑨]，走石花街四十五里住，走十五里至吴家坡，过大山卅里至张朝铺，难走。走十五里至观音堂住，走百步梯十五里至沙河店，四十五里至刘家大店住，路难走。走六十五里青峰住，走六十里至马兰[⑩]住，走卅里至房县住，路平。走三十里下店，走六十里三教堂住，平路。走竹山县九十里过斗河住，走九十里至宝丰[⑪]住，平路。走胡柳树七十里住，走竹溪县廿里住，

---

① 汴梁省，指河南省城开封。

② 开州，民国时改为开县，今河南省濮阳市。

③ 东昌府，民国时改为聊城县，今山东省聊城市。

④ 刘智庙，在山东、直隶两省交界处。

⑤ 深泽在晋州与安平之间，不应写在顺德府与赵州之间。

⑥ 肃宁在安平与鄚州之间，从距离来看，安平与鄚州之间应住宿一站，住肃宁是合适的。肃宁、安平两站应倒换顺序，从顺德至鄚州几站正确顺序应为：顺德府、赵州、晋州、深泽县、安平县、肃宁县、鄚州。

⑦ 京，指北京。

⑧ 绕路，是相对正路而言，前文的《从老河口上船至瓦房店路程》《从瓦房店至罗家（江）口路程》，两段相加即为老河口至罗江口的正路。

⑨ 起坡，改走旱路。

⑩ 马兰，即马栏关。

⑪ 宝丰，即保丰。

平路。走秋沟五十五里住，平路。若走兴安府由此地分路[①]，过山，廿里至金沙河，五十里至八角庙住，走八道河六十里，至门坎石住，走渡川口七十里，过铁绳桥两道，又过前河梁雪山。走五十里至八仙街[②]，廿里至油作平住，路难走。走龙洞河廿里住，走鱼肚河五十里，过川陕两省界岭雪山[③]苦不可言。走两扇门要路小心实然难走，走二十五里至木瓜河住，走五十里至高观寺住，路更难走，苦不可言。廿里袁家庙住，走廿里修溪坝[④]，过山走六十里城（城）口[⑤]住，平路走六十里庙坝场，走十五里至纸厂住，走七十五里双河口住，过白芷山，雪山，苦不可言。走堰塘平住，过六十里八台山[⑥]，雪山，此地有猿猴、虎、猪、野虫，当要小心，诚恐伤命，命交于天，哭苦难言。走三十里至旧乡坝，走三十里至白羊庙住，走七十里至官渡场[⑦]。赶船至绥定府，水路[⑧]三百六十里，旱路三百里，水小可行，水大万不可行[⑨]，山河之路矣。

【略】

隆昌绕河南归太谷路程

隆昌起旱至松溉三跕（站）。松溉至重庆水路两跕（站），重庆有税。路至合州又有税。至罗江口，上水快者共十五六跕

① 如去陕西兴安府（今安康市）方向，由竹溪县向西北方向走；下文是去四川省方向，是向西南方向走。

② 八仙街，今平利县八仙镇。

③ 界岭雪山，指川陕两省交界的大巴山。

④ 修溪坝，今城口县修齐镇。

⑤ 城口，四川省城口厅，民国时改为城口县，沿袭至今。

⑥ 八台山，在今城口、万源两县交界处。

⑦ 官渡场，今万源市官渡镇。

⑧ 水路是沿后江到宣汉县进入州河，再到遂定府。

⑨ 从太平至绥定府的水路是顺水，水大时遇急流险滩容易翻船。

(站)[①]。罗江口起旱至瓦房店十五跕（站）[②]。瓦房店走下水，过路紫阳县有税。瓦房店至老河口共八九跕（站）[③]，老河口有税。老河口路过栏车有税[④]，至鲁山旱路八跕（站）[⑤]。鲁山至太谷县十五六跕（站）[⑥]。平顺回铺，约在七八十日上下。

【略】

① 参看《从重庆府至绥定府罗江口》。

② 《从瓦房店至罗家（江）口路程》共有12站，与此处15站不同。

③ 参看《从老河口上船至瓦房店路程》。

④ 老河口至太谷，在进入山西的栏（拦）车镇有税，下一句再分述鲁山以南、以北两段路。

⑤ 《从太谷赴老河口路程》中鲁山至老河口共6站，与此处8站不同。

⑥ 《从太谷赴老河口路程》中太谷至鲁山共14站，与此处15、16站略有不同。

二十二、办杂货路程一[①]

【略】

廿一曲沃县往赊旗镇西大路程共计壹千零廿五里[②]

尧都六州三拾县，曲沃十门并九关。天生八景驰名迹，书民于后万古传。绛山晚照头一景，神陂落雁在沙滩。晋城春色常常在，照殿冰崖四季观。乔山影翠难描画，井溪梅月万古传。海头温泉长流水，景明飞流自浇田。乡庄贰佰四拾处，人杰地灵赛金川。士农工商各有定，商为利名心不闲。昼夜思量为商好，人人只为利名牵。想往苏杭去贸易，借门行商路程单。平川路径乘骡马，江湖河海坐舟船。搬鞍上马扬鞭走，三拾候马[③]在眼前。贰拾南山隘口过，三拾东镇早宿店。三拾闻喜城外走，三拾胡张要打煎。三拾夏县难（南）关歇，四拾上山张店元。贰拾八政街过河，

---

① 选自《晋商史料集成》第68册第509—620页《道光元年杂货规程》，标题为本书整理者加。抄本的文字间空白处，盖有很多“长顺”椭圆形章和少量“和记验封”方形章。据收藏家刘建民先生估计，为现代人盖章，并非抄本原貌。

② 本篇和下一篇采用了朗朗上口的歌谣形式，目的是避免规程的枯燥，增加可读性。山西商人创作的路程歌还有《恰克图贩茶歌》，见杨帆、唐晔《“恰克图贩茶歌”中的商人生活》（《保定学院学报》2020年第1期）。

③ 候马，即侯马。

三拾河头早宿店。明早要过黄河渡，会兴头在黄河南。十五往东磁钟过，三拾五里张茅山。贰拾硖石山坡大，贰拾观音堂宿店。贰拾前往白伏街，十五李村打过煎。贰拾五里河底镇，四拾韩城古迹显。四拾东西两赵保，四十白杨树宿店。四十前望寨子街，三拾内埠主人贤。二十临汝街里过，东南路往赊旗店[①]。二十五里走庙下，三十五歇汝州关。九十宝丰东关歇，三十汝阳要打煎。四十任店街里过，三十昆阳早宿店。三十保安驲（驿）里过，三十独屠要打煎。拾五光武搬倒井，三十裕州歇东关。二十五里圈桥过，二十五到赊旗店。过载[②]主人办事好，写船装送东津湾。完契水脚该多寡[③]，打叠行里（李）送上船。

【略】

赊旗镇往东津湾路程共计肆佰捌拾里

开船二拾邓家铺，二十青台往西观。十里伊家铺难走，四十源潭好湾船。三十唐县西关口，三拾马家集西湾。三拾河东下屯里，四拾顺风到郭滩。五拾仓台[④]街前走，贰拾烟家铺河沿。四拾前往陈家河[⑤]，四拾双沟在眼前。三拾顺过刘家集，三十王家河靠山。四十前往襄阳府，水来汉中通四川[⑥]。新打洪里顺风过，二十望见东津湾。兴旺多亏汉中水，马头对着凤凰山。过载主人陈大方，写船水脚论长短。汉镇水脚毛八折，去水除钞八扣算。神福如外加三分，行规纹银汉平完。主人请客开清契，即送神福好

---

① 此地为分岔路口，下文即往东南方向走。还有一条正南方向的路，临汝下一站是汤锅，可至鲁山、南召等县，见本书《清代介休至樊城、荆州路程》等几个路程。

② 过载，运输中介行业，下文“江头主人徐龙普”就是一个杭州的过载行。

③ 这句意思是船不同，水脚钱也不同，交了钱拿到船契就是“完契”。

④ 仓台，今唐河县苍台镇。

⑤ 陈家河，今襄阳市程河镇。

⑥ 汉江并不通四川，如要去四川，需沿汉江至陕西瓦房店，再南下可到四川东部。

开船。

廿四东津湾往汉口镇路程共计壹千贰佰一拾五里

开船二十凤凰滩，五十就过铜口站。六十远望宜城县，三十茅草州野滩。三十流水沟儿过，十里刘家集街过。三十转头湾里走，三十周家嘴河沿。三十顺过里河口，十五又过碾盘山。二十五里沿山头，三十安六（陆）府[①]城南。三十往东狮子口，十五又到塘江湾。三十到了十牌[②]集，六十旧口[③]在眼前。四十沙阳[④]街市口，三十又到多宝湾。二十长老院下过，三十又到药家滩。拾里河东秦家厂，拾里巴家厂门前。二十船进折口河，二十张济岗[⑤]河沿。十里船到黑牛渡，拾五牛口街前提上的回。拾五船过岳家口，三十江口在眼前。三拾船过彭石河，拾五王观头河沿。六十仙桃镇边过，三拾萧家口街过。三拾船到脉旺嘴，三拾三教堂河岸。三拾前望庙头集，三拾骑马口[⑥]边山。三拾汉川县前过，三拾石瀼当萤（堂）前。三拾云口[⑦]飞风走，三十葵家沟[⑧]儿湾。三十葵家街[⑨]市口，三十多罗口[⑩]过山。三十汉镇驰名地，人烟似海顺江边。武昌汉阳观古迹，黄鹤楼对古秦川[⑪]。船行主人办事好，客到

① 安陆府，民国时改为钟祥县，今湖北省钟祥市。

② 十牌，即石牌。

③ 旧口，即臼口，今名旧口镇。

④ 沙阳，即沙洋。

⑤ 张济岗，即张集港。

⑥ 骑马口，即系马口。

⑦ 云口，即涢口。

⑧ 葵家沟，即蔡家沟。

⑨ 葵家街，即蔡家街。

⑩ 多罗口，即拖路口。

⑪ 秦川，应为晴川，得名于“晴川历历汉阳树”。此处“晴”和“秦”音近而讹，本书第23篇《办杂货路程二》中“秦川”进一步讹为“泰山”。

行写上下船。汉口出关有船料，船宽每尺银贰钱[①]。水脚早晚若干数，除钞[②]每两七五完。兑钞讨票[③]船上出，主人请客开清单[④]。与友饮酒谈知己，忽起顺风要开船。

廿五汉口往九江府路程共计五佰柒拾里

开船三十望青山，三十阳罗[⑤]江北沿。九十潭封对三江[⑥]，三十黄州武昌县[⑦]。四十顺往巴河[⑧]去，三十水扫兰河[⑨]边。六十道士符[⑩]中水，六十蕲州[⑪]好湾船。四十船过田家寨[⑫]，两岸山陕（狭）防风天[⑬]。拾里船塘对富池[⑭]，三十武穴[⑮]江北沿。三十龙平[⑯]街前边，三十城子镇[⑰]江南。六十九江府报税，尺量船长深并宽。用身乘长且不动，再用船宽乘一遍[⑱]。二八相乘银数就[⑲]，钞

---

① 船料，是元明清时期对商船征收的税，又称船钞。从这两句可看出，汉口关是按船宽分等征税，与九江关不同。

② 钞，指所交的税银。因明代设钞关，过关的船交税需交宝钞，清代称这种税银为钞银。

③ 兑钞讨票，商人要拿到的票据包括船钞执照（已交税的收据）和船票（付完水脚钱的收据）。

④ 清单，货物种类和数量的详单，即后文的“船代诸货细开单”，用途是“关上照单查验清”。

⑤ 阳罗，即杨逻，在长江左岸。

⑥ 潭封，即团风。三江，指三江口，位于团风镇下游。

⑦ 黄州，指黄州府，今湖北省黄冈市，在长江左岸。武昌县，在黄州府对岸，清代武昌县从民国开始几次改名，今湖北省鄂州市。

⑧ 巴河，该镇位于巴河汇入长江处，在长江左岸。

⑨ 兰河，指兰溪镇，位于浠水汇入长江处，在长江左岸。

⑩ 道士符，即道士洑，在长江右岸。

⑪ 蕲州，指清代蕲州城，在今蕲春县蕲州镇，1949 年县城搬离此镇。

⑫ 田家寨，即田家镇，在长江左岸。

⑬ 这段长江自北向南流，两岸均有山，刮北风或南风时容易形成狭管效应，浪大不利于行船。

⑭ 船塘，即盘塘，在长江左岸。富池，在盘塘对岸。

⑮ 武穴，在长江左岸，20 世纪 80 年代成为县治。

⑯ 龙平，即龙坪。

⑰ 城子镇，在长江南岸（右岸）。

⑱ 这两句可看出，九江关是按船的体积交税。

⑲ 二八相乘，“用身乘长且不动”两句算出船料，每一料乘 0.28 就是船钞数。

兑元丝[①]加二三。兑票讨钞船上住，且等票到好开船。

九江府往芜湖县路程共计柒佰八十里

开船六十湖口县，九十彭泽小古山[②]。九十东流县[③]前过，九十安庆府城南。九十水扫宗阳镇[④]，九十大通矶边山。九十侗绫（铜陵）县边过，九十樊城（繁昌）古旧县[⑤]。九十芜湖报国税，船代诸货细开单。关上照单查验清，税照古规依例算。元丝九五完兑钞[⑥]，票到打印[⑦]好开船。

芜湖县往南京龙江关路程共计壹佰五十里

九十船过针鲁嘴，采石矶在江南岸。六十龙江报了税，钞银客出照例算。上岸望见南京城，明朝建都古地面。南门压振聚宝盆，至今打更不五点。待要进城去观景，只因行船无心看。

龙江关往镇江府路程共计叁佰陆拾里

九拾青山[⑧]高又高，三十忽到仪征县。六拾船到镇江府，洋（扬）子江心望金山[⑨]，进口湾船河口窄，顺顺常行不湾船。

---

① 元丝，元丝银，一两重的小银锭。

② 小古山，应为小孤山，民间俗称小姑山。欧阳修《归田录》：“有大、小孤山，在江水中，嶷然独立，而世俗转‘孤’为‘姑’。”本书第23篇《办杂货路程二》中《湘潭至仪征路程》和《湘潭至镇江路程》均写为“彭泽对小姑”。

③ 东流县，20世纪50年代撤并，今为东至县东流镇。

④ 宗阳镇，即枞阳镇，20世纪50年代成为枞阳县城。

⑤ 繁昌古旧县，明朝时繁昌县城搬离此镇，老县城因名“旧县镇”，今繁昌县新港镇。

⑥ 这句是说，税银的数额打九五折就是要付的元丝银数目。

⑦ 打印，由清代民国的“船钞执照”实物可知，只需用笔填上每船不同的项目，如银两数、日期；每船相同的项目，如一些约定，事先刻好版，印刷出来，叫作打印。

⑧ 青山，今仪征市青山镇。

⑨ 金山，镇江的金山位于洋（扬）子江中的岛屿上。

镇江府往苏州府路程共计叁佰陆拾里[①]

九拾舟（丹）阳县前过，九十常州府城边。九十芜（无）锡城外走，六十又过浒墅关。船带诸货细报税，关上照单细点验。元丝加五[②]客兑钞，候票打印好开船。三十驰名苏州府，长州（洲）元和并吴县。古迹名地绫崖寺[③]，虎丘又对观音山。姚家街集杨家弄，金秀章开乾手栈。蠋（烛）芯主人施太来，价银每两六三完。苏州府城繁华地，为商事毕莫久恋。

苏州府往杭州路程共计叁佰陆拾里

船开五十吴江县，五十平望[④]在眼前。七十船过嘉庆（兴）府，九十又到石门县[⑤]。五十塘西[⑥]街中走，五十杭州府湾船。今到天下驰名府，无事西湖去游玩。周围约有四十里，天下峻峰名寺院。仙景数日观不尽，劝君且回再来游。钱塘江边抬头望，货船俱到北新关[⑦]。诸货物件细报税，钞照古规依例算。江头[⑧]主人徐龙普，写船装送常山县。

杭州府往常山县路程共计陆佰叁拾里

九十富阳县前过，九十桐庐县门前。九十船过严州府，九十又到兰溪县。九十龙游县前过，九十衢州府门前。九十常山县下

---

① 本段路程是沿大运河前行。

② 加五，申水（也叫升水）五两。只是不知申水的基数，一般以一锭五十两的银子为基数，本书第1篇《广东至浙江路程》以一百两为基数，还有以一千两为基数的。

③ 绫崖寺，即灵岩寺。

④ 平望，今苏州市平望镇。

⑤ 石门县，因有重名县，民国时改名，后撤并，今桐乡市石门镇。

⑥ 塘西，今杭州市余杭区塘栖镇。

⑦ 本书第1篇《广东至浙江路程》终点也是北新关，可参看。

⑧ 江头，在杭州府城南，钱塘江边。从杭州租货船，要在江头装货。

船。过载主人陈太来，客到觅脚好过山。或是坐轿骑骡子，脚钱随行有贵贱。或骡或轿觅现成，客走主人才得安。

常山县往玉山县、洋口镇路程共计贰佰贰十里

过山九十玉山县，缪如文行去写船。九十下水广信府，四十洋口[①]赛金川。对面驰名博山寺，山青水秀人居安。西建关圣帝君庙，行商到此供香烟。灵赐来往多吉庆，护商佑民永平安。油行主人翁元长，兄弟七人论开店。卖油外取三分用，买就河口写大船[②]。客照时价出水脚，驳船水脚在本船[③]。主人摆酒请罢客，收契上船细点验。

洋口往吴城镇路程共计九佰一拾里

开船四十广信府，共过二十八处滩。往前过滩十五处，九十河口在眼前。朱廷坤是行阜（埠）头，星夜货过收本船。本船照契查验清[④]。

① 洋口，今上饶市洋口镇。此地不在信江沿岸，从玉山县前往吴城镇不用绕到此地，从广信府（今上饶市）直接向信江下游走就可以。洋口向南通往福建浦城，是清代商贸重镇。所以绕道洋口镇，把杭州的货物在此卸下，再装上福建发送来的货物，运至吴城。

② 这句是说，在洋口镇先租好河口的大船。洋口至河口段，位于信江上游，水浅需用驳船，至河口镇水量变大再换大船。

③ 本船，指大船。这句是说大船的水脚钱包含了驳船的费用。

④ 这段没有记录河口至吴城镇的路程，只有总里数，从语句看作者没抄完。路程书的底本是以吴城镇为终点，本篇的抄写者不去吴城镇，只从事河口与杭州之间的贩运，不必抄完。

二十三、办杂货路程二[①]

【略】

湘潭至仪征路程[②]

一处（出）湘潭是州山[③]，借问长沙完（湾）不完（湾）。长沙一站是童关[④]，青州银子里石山[⑤]。六阁洞庭矶下水[⑥]，乐罗茅铺是道光[⑦]。加（嘉）鱼瓜州[⑧]金口驲（驿），黄鹤楼中吹玉笛[⑨]。

---

① 选自《晋商史料集成》第68册第682—708页《咸丰十年瑞庵堂记各省办货路程规例》，标题为本书整理者加。

② 标题为本书整理者加。本段和下一段地名参照徽商的《镇江盐船上楚水路歌》修正，见王振忠《清代徽商与长江中下游的城镇与贸易》（《安徽大学学报（哲学社会科学版）》2019年第1期）。

③ 州山，今名昭山，下一段《湘潭至镇江路程》作“召山”。

④ 童关，即铜官，得名自铜官窑。

⑤ 青州，即青竹，在铜官镇下游。银子，即营子，指营田镇。里石山，即磊石山。这三地均位于湘江右岸。

⑥ 六阁，可能是鹿角的讹写，在城陵矶上游，见下一段《湘潭至镇江路程》。洞庭，指过洞庭湖，鹿角和城陵矶之间隔着洞庭湖。矶，指城陵矶。

⑦ 乐罗，可能指罗山，在鸭栏矶附近，鸭栏矶在茅埠的上游，见下一段《湘潭至镇江路程》。茅铺，即茅埠。是道光，即石头关。

⑧ 瓜州，即簰州。

⑨ 从“长沙一站是童关”句至此句，与《水站捷要歌》文字近似，见《地图与地名》（叶林、姚顺滨著，西安地图出版社1991年版，第148页）。两首歌有共同的版本来源。

汉口开头望青山，借问沿罗[①]完（湾）不完（湾）。白虎[②]头上金鸡叫，对面甲[③]里好完（湾）船。团风把住三江口[④]，好个黄州对武昌。巴河水绕兰其[⑤]驿，道士湖[⑥]里水茫【茫】。茅山卦口蕲州驿[⑦]，马口旁它对付池[⑧]。五学龙平[⑨]城池（子）镇，揭套二口望九江[⑩]。段瑶湖口界矶州[⑪]，好个彭泽对小姑[⑫]。马当跳古几工集[⑬]，花阳镇里水东流[⑭]。计阳抬头黄石矶[⑮]，安庆城门是铁梨（篱）。李阳把住宗阳口[⑯]，池州水扫火同矶[⑰]。同林（铜陵）老鼠

---

① 沿罗，即杨逻。

② 白虎，即白浒山，在杨逻下游，见下文《路程站目》中的“白虎镇”。

③ 甲，江中沙洲和一侧江岸会形成夹江，俗称“甲（夹）”或“套”，夹江中水流平稳，适合泊船。

④ 三江口，长江流至团风镇被两个沙洲分为三支，三支合为一的地方叫作三江口。

⑤ 兰其，即兰溪。

⑥ 道士湖，即道士洑，在长江右岸，著名的西塞山附近。

⑦ 茅山，在道士洑的对岸。卦口，即挂口，是蕲水汇入长江的水口。两地均位于蕲州驿的上游。

⑧ 旁它，即盘塘。付池，即富池。

⑨ 五学，即武穴。龙平，即龙坪。

⑩ 揭口，似指街口，在段窑村上游 110 里处，见徽商《长江路程图》中“巴河由双城驿至湖口图程”（王振忠：《清代徽商与长江中下游的城镇与贸易》，《安徽大学学报（哲学社会科学版）》2019 年第 1 期）。套口，指二套口，在九江城对岸。

⑪ 段瑶，今名段窑村，在长江左岸，属湖北省。湖口，在长江右岸，该县属江西省。界矶州，即柘矶洲，湖口县城下游的长江右岸。

⑫ 彭泽，该县在长江右岸。小姑，指小孤山，在长江左岸。一般称作“彭郎对小姑”，彭郎指彭郎矶，与小孤山夹江对峙，苏轼《李思训画长江绝岛图》有“小姑前年嫁彭郎”之句。

⑬ 据下一段，这句应该作“马当跳过鸡公矶”。马当，指马当矶，有马当村。鸡公矶，在马当矶上游，长江左岸。

⑭ 花阳镇，即华阳镇，在马当村下游的长江左岸。东流，指清代东流县，在华阳镇下游的长江右岸。

⑮ 计阳，即吉阳矶。黄石矶，在吉阳矶下游。两矶均在长江右岸。

⑯ 李阳，属池州府（今安徽省池州市），在长江右岸。宗阳，即枞阳镇，在长江左岸。长江在这一段形成夹江，夹江流经枞阳镇，水口叫作“宗（枞）阳口”。

⑰ 火同矶，应为大通矶，下文《路程站目》中的“大通”即指此。

跳秋口①，板子②足下是矶长。旧县开头王几套③，娄席甲④里好完（湾）船。远望三山⑤三个尖，三山正在大江边。好个旁海⑥上了岸，蕉矶⑦娘娘浪里颠。芜【湖】有个抽单场，大小船只上钱粮。一几一矶四海山⑧，东连西连采石矶⑨。烈山打马江流镇⑩，大胜关⑪里望南京。南京宝托（塔）高又高，草鞋甲⑫里上盐包。扬州正在关心内，仪镇⑬水扫镇江边。我得人我宝⑭，过了交山⑮就是海。

【略】

湘潭至镇江路程⑯

湘潭开舡望召山⑰，且问长沙湾不湾。长沙一站到潼关⑱，青

---

① 老鼠，指老鼠洲，今名老洲，在铜陵下游。秋口，应为狄口的错抄，下一段《湘潭至镇江路程》作“狄”，位于黄浒河汇入长江的水口。

② 板子，指板子矶，在荻港的下游，旧县镇（今新港镇）上游。

③ 旧县，指繁昌旧县城。王几套，即粪箕套。粪箕套是一个沙洲与长江左岸形成的夹江，旧县镇位于这个沙洲旁的右岸。这句应是“旧县抬头粪箕套”。

④ 娄席甲，即芦席夹，夹江适合停泊。

⑤ 三山，长江右岸的镇名。

⑥ 旁海，即螃蟹矶，在三山的下游。

⑦ 蕉矶，即蛟矶，清代中叶之前位于江中，今日已并于芜湖对面的长江左岸。

⑧ 一矶，即弋矶。四海山，即四褐山。

⑨ 东连，即东梁山，在长江右岸。西连，即西梁山，在长江左岸。东梁、西梁形似大门锁江，即李白诗“天门中断楚江开”处，两山均位于采石矶上游。

⑩ 打马，指驻马河口。江流镇，即江宁镇。自上游至下游分别为驻马河口、烈山、江宁镇，均位于大胜关上游。

⑪ 大胜关，在南京城上游。

⑫ 草鞋甲，即草鞋夹，南京附近一段夹江，由沙洲与长江右岸形成。

⑬ 仪镇，即仪征城，在镇江上游。

⑭ 此句有缺字，不知何意。

⑮ 交山，据下一段《湘潭至镇江路程》过了镇江就是海的描述，交山应在镇江附近，焦山是镇江的著名风景区，在长江中的岛屿上，此句应改为“焦山”。

⑯ 标题为本书整理者加。

⑰ 召山，在今昭山风景区，在湘江东岸。

⑱ 潼关，即铜官。

竹叶田[1]磊石山。鹿角城陵矶下水，鸭栏[2]茅埠石头关。嘉鱼牌州全口驲[3]，黄鹤楼边好湾船。汉口开头望青山，借问阳逻湾不湾。团风把住三江口，远望黄州对武昌。巴河水扫兰溪驲（驿），道士湖[4]下水茫茫。韦阳[5]卦口蕲州驿，马口蟠（盘）塘对富池[6]。武穴龙平陈子镇[7]，洋陶二口[8]望九江。段腰湖口柘矶洲，炭湾彭泽对小姑。马镫跳过鸡公觜[9]，花锡镇[10]下水东流。吉阳抬头黄石矶，安庆城门似铁篱。李阳谨对宗阳[11]口，清溪水礶（灌）天通矶[12]。铜陵老鼠跳狄巷[13]，板子矶下是几城。旧县出口粪箕套，芦席夹口望三山。远望三山三个尖，三山正在大江边。好个螃蟹上了岸，蕉矶娘娘浪里颠。赭山把处芜湖口[14]，壹矶贰矶四合山[15]。东梁西梁采石矶，望夫人头马骥山[16]。和尚港[17]里出神仙，烈山打马江宁镇。大胜关上望南京，上新河在教场边[18]。紫京山[19]上高又

---

① 青竹，属今长沙市望城区。叶田，即营田。

② 鸭栏，指鸭栏矶，在长江右岸。

③ 牌州，即簰洲。全口驲，即金口驿。

④ 道士湖，即道士洑。

⑤ 韦阳，即 沛源，今韦源口镇，在道士洑下游的长江右岸。

⑥ 马口、蟠（盘）塘，在长江左岸。富池，在长江右岸。

⑦ 龙平，即龙坪。陈子镇，即城子镇。

⑧ 洋陶二口，见前一段“揭套二口”的注释。

⑨ 马镫即马当镇，在彭泽县下游的长江右岸；鸡公觜即鸡公矶。

⑩ 花锡镇，即华阳镇，因“阳”的繁体与“锡”形近而抄错。

⑪ 宗阳，即枞阳。

⑫ 清溪水，流经池州的一条河，注入长江。天通矶，即大通矶，在池州下游。

⑬ 狄巷，今繁昌县荻港镇，在老鼠洲下游。

⑭ 赭山，在芜湖城西的长江右岸。芜湖口，青弋江汇入长江的水口，因位于芜湖城附近也叫芜湖口。

⑮ 四合山，今名四褐山。

⑯ 望夫人头马骥山，分别为望夫矶、人头矶、马鞍山，均位于采石矶下游。

⑰ 和尚港，位于人头矶下游、烈山上游的长江右岸。

⑱ 上新河，长江边的一条人工河，入长江处成为著名码头。教场，在上新河码头附近。

⑲ 紫京山，即南京紫金山。

高，草鞋夹内烧盐包。观音门外四水流[①]，瓜埠然山[②]浪里滔。两乃尖尖是青山[③]，仪征河下湾盐船。天宁[④]把住仪征口，制盐所内闹喧喧[⑤]。三四宝塔尖又尖，高邮邵伯水连天[⑥]。阳（扬）州城在天心里，瓜州谨对镇江边[⑦]。镇江有个金山寺，江流和尚[⑧]尚来绿，再到牌□三十里，东洋大海浪滔天[⑨]。

路程站目

仪征至观音门一站，观音门至采石一站，采石至芜湖一站，芜湖至狄港一站，狄港至大通一站，大通至宗阳[⑩]一站，宗阳至安庆一站，安庆至东流一站，东流至彭泽一站，彭泽至湖口一站，湖口至叶家皂[⑪]一站，叶家皂至武穴一站，武穴至蕲州一站，蕲州至黄石港一站，黄石港至黄州府一站，黄州府至白虎镇[⑫]一站，白虎镇至汉口一站。

【略】

---

① 观音门，与燕子矶临近，在草鞋夹下游的长江右岸。四水流，在燕子矶附近的长江中有若干沙洲，河道呈分汊式。

② 瓜埠，该山在南京城下游，位于滁河原本的入江水口。然山，即矾山，也叫帆山，在瓜埠山下游。长江左岸长时期保持在瓜埠山—青山一线，直到晚近沙洲淤积并岸，瓜埠和矾山不再临江。

③ 青山，在瓜埠山下游、仪征上游的长江左岸。

④ 天宁，指仪征的天宁寺。

⑤ 本段两次提到盐船，又特别提到制盐所，本篇作者独特关心的是盐业，很可能是盐商。或者是湘潭作起点的两段路程和赊店至洋口镇路程为两个作者，前者是盐商。

⑥ 高邮邵伯，均不在长江边，这句是说从扬州沿着运河可以到高邮城、邵伯镇。

⑦ 瓜州，为扬州城下的渡口，对岸是镇江，即“京口瓜洲一水间”的瓜洲。

⑧ 江流和尚，指话本小说中的玄奘，从小被金山寺僧人收养。

⑨ 上一段和本段都说过了镇江就是海，指的是长江口的潮水可达镇江，在长江丰水季潮水可到镇江，枯水季更是可达安徽省境内。无论丰水还是枯水季节，镇江以东的河段都受潮汐影响，这是航行需要注意的。

⑩ 宗阳，即枞阳。

⑪ 叶家皂，在今九江市区的上游，长江右岸。

⑫ 白虎镇，即白浒镇，在今武汉市洪山区的长江右岸。

赊店往东津湾路程共计四百捌拾里

开船贰拾邓家铺，贰拾青台往西规（观）。拾里伊家铺难走，四拾源潭好湾船。贰拾唐县西关歇，叁拾马家集西湾。叁拾河东下屯里，四拾顺风到郭滩。五拾仓台[①]街前过，贰拾烟家铺河沿。四拾往前陈家河[②]，四拾双沟在眼前。叁拾顺过刘家集，叁拾王家河靠山。四拾往前襄阳府，水来汉庄（中）照四川。新打洪里顺风过，贰拾里望东津湾。兴旺多亏黄庄（汉中）水，马头过看凤凰山。过载主人陈大方，写船水脚论长短。汉口水脚毛八折，长水除银八折算。神福如外加三分，行规纹银汉平兑。主人请客开请契，即送神福好开船。

东津湾往汉口路程共计壹千贰百壹拾伍里

开船贰拾凤凰滩，五拾就过铜口站。陆拾望见宜城县，叁拾予草州[③]野滩。叁拾流水讲[④]儿过，拾里刘家集街过。叁拾转头湾里走，叁拾周家嘴河沿。叁拾顺过李河口，拾五又过碾盘山。贰拾五里盐家头[⑤]，叁拾安乐（陆）府城南。叁拾往东狮子口，拾五又到塘江湾。叁拾到了十牌[⑥]集，陆拾旧口[⑦]在眼前。四拾沙阳街市口，叁拾又过多宝湾。贰拾张家院前过，叁拾又到叶家滩。拾五河东秦家厂，拾里巴家厂门前。贰拾船进折口河，贰拾张家岗[⑧]

① 仓台，今唐河县苍台镇。
② 陈家河，今襄阳市程河镇。
③ 予草州，即茅草洲。
④ 流水讲，即流水沟。
⑤ 盐家头，即沿山头。
⑥ 十牌，即石牌。
⑦ 旧口，即白口。
⑧ 张家岗，即张集岗。

河沿。拾五船到黑牛渡，拾五牛堤口街边。拾五船到岳家口，叁拾黄红口在眼前。叁拾船彭石河过，拾五王观到头河沿。陆拾仙桃镇边过，叁拾萧口街方过。叁拾船到脉旺嘴，叁拾叁教堂河岸。叁拾往前庙头集，叁拾骑马口①边山。叁拾汉川县边过，叁拾石瀼堂营前。叁拾云口②飞风走，叁拾蔡家沟儿湾。叁拾蔡店街市口，叁拾多罗口③边山。叁拾汉镇驰名地，人烟似海顺江边。武昌汉阳观古迹，黄鹤楼对古泰山④。船行主人办事好，客到行写上下船。汉镇出关有船料，船宽每尺银贰钱。水脚早晚若干数，除银每两八折兑⑤。兑银计票船上出，主人请客开清单。与人饮酒谈知己，忽气（起）顺风要开船⑥。

镇江府往苏州府路程共计叁佰陆拾里

玖拾丹阳县前过，玖拾常州府城边。玖拾芜（无）锡城外走，陆拾又过浒墅关。船带细货诸报税，关上照单细点验。元丝加五客兑银，候票打印好过关。叁拾驰名苏州府，长州（洲）元和并吴县⑦。古迹名地绫严寺⑧，帛邱⑨又过观音山。姚家弄西杨家弄，金秀章开乾手栈。烛芯主人施太来，价银每两陆叁完。苏州府城

---

① 骑马口，即系马口。

② 云口，即涢口。

③ 多罗口，即拖路口。

④ 泰山，“泰”应为“秦”，“山”应为“川”。“泰山”是“秦川”的讹字，“秦川”又是“晴川”讹字。

⑤ 这句可与《办杂货路程一》的“除钞每两七五完”互相参看。

⑥ 下一段没有记录汉口到镇江，大致方向可参照《路程站目》，详细路程可参照《湘潭至仪征路程》《湘潭至镇江路程》。本篇为我们提供了一个还未加工的版本，加工之后的版本应是从两段湘潭路程中截取汉口至镇江段，再编为路程歌。现在的版本恰好让读者看到路程书是如何一步步编写的。

⑦ 长州（洲）元和并吴县，是苏州府的 3 个附郭县，民国时均裁撤。

⑧ 绫严寺，即苏州灵岩寺。

⑨ 帛邱，即苏州虎丘。

紧（繁）花地，为商事毕莫久恋。

苏州府往杭州府路程共计叁佰陆拾里

开船久拾吴江县[①]，五拾平望在眼前。柒拾船过嘉庆（兴）府，玖拾又到石门县。五拾塘西街前走，五拾杭州府湾船。今到天下驰名地，无驰（事）西湖去游玩。周围约有四拾里，失（天）生峻峰名寺院。仙景数日看不尽，劝君且回再来游。钱塘江边台（抬）头望，货船俱到北新关。诸货物件细报税，银照古规则例算。江头主人徐龙普，写船装送常山县。

杭州府往常山县路程共计陆佰叁拾里

玖拾富阳县前过，玖拾桐庐县门前。玖拾船过严州府，玖拾又到兰溪县。玖拾龙游县前过，玖拾衢州府城边。玖拾常山陈大来[②]，客到觅脚好过山。或是坐轿骑骡子，脚钱随行有贵贱。

常山县过玉山县往洋口镇路程共计贰佰贰拾里

玖拾过山玉山县，缪如文约（行）去写船。玖拾下水广信府，四拾洋口寨（赛）金川。对面驰名博山寺，山清水秀人君（居）安。西建关圣帝君庙，行人到此供香烟。灵赐来往多言庆，获（护）商佑民永平安。油行主人翁元长，兄弟七人论开店。

【略】

---

① 久拾，应改为“五拾”。全段路程相加为400里，与标题所写360里不符。本书第22篇《办杂货路程一》“苏州府往杭州路程”，首句为“船开五十吴江县”，全部路程相加正好为360里，苏州至吴江应为50里。

② 据《办杂货路程一》，这句是说衢州府至常山县90里，在常山找陈大（太）来的过载行。

二十四、走汉口路程[①]

【略】

茅津渡[②]。会兴镇。磁中镇[③]，廿。张毛镇[④]，卅里。硖石镇，廿。观音堂，廿。英豪，廿。渑池县，廿五。卅里甫（铺），卅。铁门镇[⑤]，卅。新安县，卅。磁涧镇，卅。谷水镇，廿。上火车洛阳县[⑥]，廿五。义井铺[⑦]。偃师县。黑石关[⑧]过关有洞三口。巩县。汜水县[⑨]。荣（荥）阳县。铁炉。郑州[⑩]。新郑。许州。临颍县。洛（漯）河。郾城县。西平县。遂平县。驻马站[⑪]火车晚栈。确山县。新安县。明港绿水下流。信阳州。柳林。新店。东篁店。广水。杨

---

① 选自《晋商史料集成》第71册第506—521页《光绪三十三年各路平式·观宝银成色·赴汉口路程》，标题为原文书自有。

② 以黄河上的茅津渡为路程起点，作者可能是绛州附近的晋南商人。

③ 磁中镇，今三门峡市磁钟乡。

④ 张毛镇，今三门峡市张茅乡。

⑤ 铁门镇，即阙门镇。

⑥ 上火车，汴洛铁路于宣统元年（1909）竣工，修筑时从郑州车站向两个方向施工，郑州至洛阳段竣工较早，所以这页光绪三十三年（1907）的路程书记录，从洛阳可坐火车到达郑州。

⑦ 从洛阳开始上火车，故从义井铺开始没有路程里数。

⑧ 黑石关，又名黑石渡镇。

⑨ 汜水县，作为火车站名仍沿用，在今荥阳市汜水镇；作为县名今已不存，20世纪40年代该县撤并。

⑩ 从郑州站开始，进入京汉铁路。

⑪ 驻马站，即驻马店。

家寨。王家店。花园。孝感县，至汉口镇二百余里。

光绪叁拾叁年冬月吉立。

颍川地[①]，买梭布、碾工、染水[②]、火食、包封、纸皮，以（一）切皆均拾内。

【略】

---

① 颍川地，指许州（今许昌市），古名颍川。由本书第 18 篇《民国八年运费价目》可知，许州站下车可住宿，是京汉铁路一大站。

② 染水，可能指染料。抄本其他部分有大量染料的名称和价格，本篇可能是染料商人撰写的。

二十五、嘉峪关至辟展路程①

【略】

煌鲁特，回子之一部落也。界安集延、喀什噶尔之间，称其君曰比。或有管领一、贰十爱曼者，或有管。爱曼人户，即其九阿拉巴图，虽皆为布鲁特，而其比不一。各君其各地，子其民，力敌势均，不相统辖，不蓄一发。如其比死，立其比之子。

人户四五万，皆其汗之阿把图。风尚淫荡，喜男色。土【产】米、豆，产棉花、瓜果、宝石、黄金。乾隆二十三年，霍吉占叛兵由叶尔羌败走哈达克山，欲奔温都斯坦，其汗苏尔坦沙。

椿园字奉氏曰：塞克，西域最远之国，去叶尔羌二万余里，西比（北）与控噶尔萨穆接壤，或曰与阿喇克等国犬牙相错，大抵皆世俗所传之大西洋也。然而塞克之邦，风朴民淳，人无欺诈，尚气节，敦廉耻，不得有荒远而鄙夷之也。《西域闻见录》。

哦罗斯，比（北）边之大国也。东界海，南界中国，西北控噶尔，东西距二万余里，自一千里至三千余里不等，称其王曰。自哦啰斯之汗察罕汗殁，无子，国人立其女为冰（汗），嗣后皆传女，为迄今［以七世世］已七世矣，仍袭其社（祖）名号，故国

---

① 选自《晋商史料集成》第73册第276—308页《俄语读本（三）》，标题为本书整理者加。

人犹称为察罕汗也。其女主有所幸，或期年或数月则杀之，生女留承统续，谓其汗之嫡嗣也，生男则以为他人之种也。其人深目高鼻，睛碧，须发黄赤，男女皆蓄发，频以胶水刷之，使其卷曲，女发梳为高吉（髻）。领。

克什米尔，回子一大国也，叶尔羌西南马行陆拾余日可至。其国中隔一冰山，人雪（畜）至此，须士（土）人驼率而过，其险尤甚于木素尔达坂。其人深目高鼻，黄。

有河，产玉石子，大者如盘如斗，小者如拳如栗，有重三四佰斤，如雪之白、翠之青、蜡之黄、丹之赤、墨之黑者皆上品。一种羊脂朱斑，一种碧如波斯菜，而金片透湿者尤难得。河底大小石，错落平铺，玉子杂生其间，采之之法，地[①]。

【略】

嘉峪关西至哈蜜[②]，壹千四佰七拾里。［脐］准井子[③]，惠回子堡也。赤金湖，赤金峡，沙井子，玉门县，三道沟，八道沟，卜隆吉[④]，吉托罕[⑤]，准塔堡[⑥]，小湾，安西州，白墩子，红柳园，大泉，马连井子[⑦]，子猩峡[⑧]，沙泉子，苦水，格子烟墩，长流

① 以上这些介绍写在封皮、封底和页眉上，都摘抄自七十一椿园的《西域闻见录》（姚晓菲编著：《明清笔记中的西域资料汇编》，学苑出版社 2016 年版，第 119—187 页）。下面一段路程也写在页眉上，是作者本人撰写。

② 哈蜜，即哈密。本篇作者的贸易对象变成了俄国人，不再是说维吾尔语的商人，大致是在哈密、嘉峪关成为通商口岸，即 1881 年之后的情形。这段路程的创作要晚于本书第 2 篇《光绪三十二年西域边国朝之禁地路程本》的底本。

③ 准井子，即双井子，“脐”为衍字，“准”为“双”的错字。

④ 卜隆吉，即布隆吉尔。

⑤ 吉托罕，不详。

⑥ 准塔堡，即双塔堡，同准井子，也是“双”错抄为“准”。

⑦ 马连井子，即马莲井。

⑧ 子猩峡，即星星峡。

水，黄芦冈，哈察[1]，辟占[2]，头堡[3]。

【略】

---

① 哈察，即哈密。

② 辟占，即辟展。

③ 按本书第2篇《光绪三十二年西域边国朝之禁地路程本》，头堡在哈密与辟展之间，此处抄错顺序。

参考文献

著作

[1] 陈稼轩．实用商业辞典［M］．上海：商务印书馆，1935．

[2] 林则徐．林则徐集·日记［M］．中山大学历史系中国近代现代教研组、研究室编．北京：中华书局，1962．

[3] 寺田隆信．山西商人研究［M］．张正明等译．太原：山西人民出版社，1986．

[4] 谭其骧．中国历史地图集·第8册［M］．北京：中国地图出版社，1987．

[5] 宝鸡市公路交通史志编写办公室．宝鸡古代道路志［M］．西安：陕西人民出版社，1988．

[6] 郭沫若．中国史稿地图集·下册［M］．北京：中国地图出版社，1990．

[7] 钮仲勋．我国古代对中亚的地理考察和认识［M］．北京：测绘出版社，1990．

[8] 叶林，姚顺滨．地图与地名［M］．西安：西安地图出版社，1991．

[9] 杨正泰．天下水陆路程、天下路程图引、客商一览醒迷［M］．太原：山西人民出版社，1992．

[10] 刘秀生．清代商品经济与商业资本［M］．北京：中国商业出版社，1993．

［11］陈学文. 明清时期商业书与商人书之研究［M］. 台北：洪业文化事业有限公司，1997.
［12］史若民，牛白琳. 平、祁、太经济社会史料与研究［M］. 太原：山西古籍出版社，2002.
［13］李燧，李宏龄. 晋游日记·同舟忠告·山西票商成败记［M］. 黄鉴晖校注. 太原：山西经济出版社，2003.
［14］中华书局编辑部，李书源. 筹办夷务始末（同治朝）·第六册［M］. 北京：中华书局，2008.
［15］陈宗懋，杨亚军. 中国茶叶词典［M］. 上海：上海文化出版社，2013.
［16］徐中煜. 交通态势与晚清经略新疆研究［M］. 哈尔滨：黑龙江教育出版社，2013.
［17］邹逸麟，张修桂. 中国历史自然地理［M］. 北京：科学出版社，2013.
［18］孙玉琴. 中国对外贸易史·中卷［M］. 北京：中国商务出版社，2014.
［19］彭凯翔. 从交易到市场——传统中国民间经济脉络试探［M］. 杭州：浙江大学出版社，2015.
［20］袁大化修，王树枏等纂. 新疆图志［M］. 乌鲁木齐：新疆人民出版社，2015.
［21］宗鸣安. 秦商入川记［M］. 西安：陕西人民出版社，2015.
［22］沈从文. 沈从文散文集［M］. 西安：太白文艺出版社，2016.
［23］陶保廉. 辛卯侍行记［M］. 北京：中国国际广播出版社，2016.
［24］姚晓菲. 明清笔记中的西域资料汇编［M］. 北京：学苑出版社，2016.
［25］黄鉴晖. 黄鉴晖选集［M］. 太原：山西经济出版社，2018.
［26］刘建民. 晋商史料集成［M］. 北京：商务印书馆，2018.
［27］张海英. 走向大众的“计然之术”——明清时期的商书研究［M］. 北

京：中华书局，2019.
［28］方伟. 民国度量衡制度改革研究［M］. 芜湖：安徽师范大学出版社，2020.

论文

［1］京奉铁路行车时刻并里数价目表［N］. 奉天公报，1912-11-29.
［2］杨正泰. 略论明清时期商编路程图记［C］. 历史地理，1987.
［3］江福训. "抛江"别议［J］. 语文学习，1991（4）.
［4］山根幸夫. 明代路程书考［T］. 王仲涛译. 第五届中国明史国际学术讨论会暨中国明史学会第三届年会，1993.
［5］中国第一历史档案馆. 道光年间茶课史料［J］. 历史档案，1998（2）.
［6］王振忠. 清代徽州与广东的商路与商业——歙县茶商抄本《万里云程》研究［C］. 历史地理，2001.
［7］蔡家艺. 清代新疆茶务发展述略［C］. 明清论丛，2006.
［8］张海英. 从明清商书看商业知识的传授［J］. 浙江学刊，2007（2）.
［9］乔南. 清代山西商人行商地域范围研究［J］. 晋阳学刊，2008（2）.
［10］曹志红. 历史上新疆虎的调查确认与研究［J］. 历史研究，2009（4）.
［11］蔡家艺. 清代新疆茶务探微［J］. 西域研究，2010（4）.
［12］王振忠. 瓷商之路——跋徽州商编路程《水陆平安》抄本［C］. 历史地理，2011.
［13］陈国栋. 红单与红单船——英国剑桥大学所藏粤海关出口关票［C］. 海洋史研究，2013.
［14］王振忠. 太平天国前后徽商在江西的木业经营——新发现的《西河木业纂要》抄本研究［C］. 历史地理，2013.
［15］肖何盛. "称江为海"地名词汇研究——以广州地区为例［J］. 中国地名，2017（8）.
［16］李晶. 清代以哈密为中心的天山南北道路变化［C］. 历史地理，2017.

[17] 陶德臣. 清代新疆茶叶贸易中的茶叶类别 [J]. 茶业通报，2018 (3).
[18] 梁中效. 川陕公路开通前的蜀道交通述论 [J]. 成都大学学报，2019 (3).
[19] 王茂华.《西域边国朝之禁地由从》整理与分析 [C]. 丝绸之路研究集刊，2019.
[20] 王振忠. 清代徽商与长江中下游的城镇与贸易 [J]. 安徽大学学报 (哲学社会科学版)，2019 (1).
[21] 安劭凡. 水陆交通、经营规范与商人伦理——明清商业书之相关研究综述 [C]. 华中国学，2019.
[22] 许肖林. 红毛国在廓尔喀战争中的影响分析 [J]. 西藏研究，2020 (1).
[23] 杨帆，唐晔. “恰克图贩茶歌”中的商人生活 [J]. 保定学院学报，2020 (1).
[24] 宋立州. 明清丝绸之路哈密—吐鲁番段“沙尔湖路”研究 [J]. 历史地理研究，2021 (1).
[25] 何强. 边政与财政：边疆治理视域下的清代茶叶边销模式 [J]. 湖北大学学报 (哲学社会科学版)，2022 (2).